Kathrin Rüegg / Werner O. Feißt · Zwischen Elsaß und Engadin

◀ *Die uralte Rauchküche*
im Schniederlihof
in Hofsgrund wurde
bis vor einigen Jahren
noch täglich genutzt.

Kathrin Rüegg / Werner O. Feißt

Großmutters Küche zwischen Elsaß und Engadin

Was die Großmutter noch wußte, Band 7

ISBN 3-275-01190-1

Copyright © 1995 by Müller Rüschlikon Verlags AG, Gewerbestrasse 10, CH-6330 Cham
Fotos (inklusive Titelbild) von Michael Bauer, D-76534 Baden-Baden
Sämtliche Rechte der Speicherung, Vervielfältigung und Verbreitung sind vorbehalten.

Satz: Stückle Druck und Verlag, D-77955 Ettenheim
Druck und Bindung: Fotolito Longo, I-39010 Frangart / Bozen
Printed in Italy

*Die in diesem Buch erzählten Geschichten
widme ich der Kathrin*

Werner

*Die in diesem Buch beschriebenen Rezepte
widme ich Werner*

Kathrin

Die Mengen in den nachstehenden Rezepten sind für vier Personen berechnet.

Inhalt

12	Vorwort von Kathrin Rüegg
16	Vorwort von Werner O. Feißt

Mosel

20	**Mosel**
25	Bohnensuppe
25	Kalbszunge
25	Himbeercrème Luise
28	Kartoffelschnittchen
29	Kaninchenbraten
30	Radieschengemüse
31	Traubentorte

34	**Pfälzer Wald**
39	Markklößchensuppe
39	Sahnegrumbeere
39	Spargelpfannkuchen
42	Spargeltoast
43	Gefüllte Kalbsbrust
44	Schweinebauchrolle mit Sauerkraut
44	Rostige Ritter
45	Vanillesauce

48	**Elsaß**
54	Pilzküchlein
55	Bärlauchsuppe
56	Hahn im Riesling
59	Sauerkraut garniert
60	Kirschenkuchen
61	Flammenkuchen

64	**Schwarzwald**
70	Schwarzwäldersuppe
70	Kartoffelsalat
70	Kirschcrème
71	Rostbraten
71	Schäufele im Brotteig
76	Rehgulasch
77	Saures Leberle

80	**Schwaben**
84	Pfitzauf
85	Saure Kutteln
86	Maultaschen
88	Maultaschen in der Brühe
88	Geschmälzte Maultaschen
88	Geröstete Maultaschen
88	Tomatensuppe mit Goldwürfeln
90	Eingemachtes Kalbfleisch
91	Geröstetes Sauerkraut mit Schupfnudeln

94	**Bodensee**
102	Bodensee-Fischsuppe
102	Bodensee-Fischfilet
102	Hecht mit Sauerampfer
103	Bodenseefelchen in Kräuterrahm
103	Schweinehals
103	Aalröllchen mit Salbei
103	Mandelcrème
106	Bodensee-Eintopf
108	Erdbeerknopf

112	**Emmental**	132	Gerstensuppe
116	Kartoffelsuppe	136	Tirolerknödel
118	Lammragout	136	Patlaunas für den Chalanda Marz
119	Schinken-Makkaroni	136	Fruchtsauce
120	Käseschnitten	136	Paun da Spagna
121	Emmentaler Forellen blau	137	Plain in pigna mit Polenta
122	Meringues	137	Hexenpolenta
		137	Engadiner Nußtorte
126	**Engadin**		
130	Hirsch- oder Gemspfeffer	143	**Stichwortverzeichnis**

Fischer auf der Reichenau beim Netzflicken. Hat diese Arbeit nicht etwas Schicksalhaftes? ▶

Vorwort

Es muß eine gute Fee gewesen sein, die mir vor mehr als vierzig Jahren die Idee einflüsterte, auf jedem Flohmarkt, in jedem Buch-Antiquariat nach alten Kochbüchern zu stöbern. Vielleicht war es deshalb, weil ich schon die Kochbücher meiner Großmutter, meiner Mutter und unserer bayerischen Köchin besaß, nach denen in meiner Jugendzeit gekocht wurde.

Eigentliche regionale Kochbücher, die aus jener Zeit stammen, fand ich ganz wenige. Es sei denn, man betrachte die deutsche Schweiz als eine Region, Deutschland als eine andere (und wenn ich diese Rezepte vergleiche, finde ich unendlich viele Überschneidungen).

In den siebziger Jahren begannen Landfrauenvereine, die Lieblingsrezepte ihrer Mitglieder zu sammeln und diese Sammlungen gebunden für einen guten Zweck zu verkaufen. Mein Glück (vielleicht nochmals begünstigt von der guten Küchenfee meiner Mädchenjahre) ist es, immer wieder auf solche Rezeptbücher zu stoßen oder sie von lieben Zuschauerinnen und Leserinnen geschenkt zu erhalten. Nur: regional im geographischen Sinn kann man diese Kochbücher nicht nennen (sie sind auch nicht mit dieser Absicht geschrieben worden). Seitdem ich in einem dieser Bücher als erstes auf «Nasi goreng» gestoßen bin, ist meine diesbezügliche Illusion endgültig verflogen. Aber – was macht das schon?

Die «regionale Küche» ändert sich wie Sprache und Kleidung. Sie war einmal das Spiegelbild dessen, was in einem bestimmten Landstrich hat produziert oder mit wenig Aufwand in diesen transportiert werden können zu Zeiten, wo der Mensch einerseits noch nicht so mobil war (oder wo der Transport von Gütern nicht so rasch und einfach erfolgen konnte) und wo die Eßgewohnheiten und -quantitäten der Tätigkeit der Bevölkerung angepaßt waren. Die regionale Küche von gestern ist immer wieder diejenige, die die ältere Generation an frühere Zeiten erinnert. «Essen wie bei uns zu Hause. So, wie meine Großmutter es kochte» – wehmutsvoller Seufzer vieler Männer (der manche Frau zur Verzweiflung bringen kann).

Auf die Gefahr hin, hoffnungsvolle Illusionen zu zerstören: Es gibt manche Speisen, die heute einfach nicht mehr so schmecken können wie früher, weil die dazu nötigen Zutaten nicht mehr erhältlich sind. Wie kann zum Beispiel ein «Coq au Riesling» so schmecken wie früher, wenn man – es sei denn, man hätte einen eigenen Hühnerhof – nirgends mehr einen Bauernhahn dazu auftreiben kann und notgedrungen auf eine Poularde ausweichen muß? Treibhausgemüse schmeckt halt in Gottes Namen niemals so fein wie dasjenige aus Großmutters Garten.

Und dann kommt noch etwas dazu: Ich kann mich noch so genau an ein überliefertes Rezept halten. Ganz genau wie in der Pfalz schmeckt eben ein Spargel aus Frankreich oder Griechenland nicht. Aber mit den Rezepten jener Gegend gekocht schmeckt jeder Spargel fein, und das ist – so scheint mir – die Hauptsache und der Grund, weshalb ich mich überhaupt entschloß, diese Rezepte für Sie, liebe Leserin, lieber Leser, auszuprobieren und aufzuschreiben.

Vielleicht ergeht es Ihnen gleich wie mir: die Lektüre solcher Rezepte regt meine Neugierde an. Ich muß doch versuchen, wie es wäre, wenn ich anstelle des Bärlauchs zum Beispiel Hopfensprossen oder Schnittmangold oder sogar Kopfsalat nähme?

Was auch nicht unerwähnt bleiben darf: Viele Regionen beanspruchen ein und dasselbe Rezept als «ihr» Rezept. Das «eingemachte Kalbfleisch» gehört dazu, das in den badischen Rezeptbüchern genau so oft vorkommt wie in den schwäbischen. Die Emmentaler «Strübli» macht man im Badischen genau gleich. Und wenn ich über die Grenzen der deutschen Sprache hinausschaue: die Italiener könnten sich ja gelegentlich mit den Schwaben und den Badenern tüchtig in die Haare geraten ob der Streitfrage, was zuerst war: die Ravioli oder die Maultaschen.

Diese Liste ließe sich beliebig verlängern – aber wir wollen ja nicht streiten, sondern nur eines: gut, einfach und gesund kochen und uns dann vergnügt an einen schön gedeckten Tisch setzen, um bei einem gemütlichen Gespräch und einem Glas guten Weines zu speisen, zu genießen.

Gewisse regional-typische Rezepte wird man hier allerdings vergeblich suchen. Ich habe absichtlich z. T. weniger bekannte Speisen und solche, die ich besonders gerne mag, gewählt.

Meine Rezepte sind so abgefaßt, daß auch eine Anfängerin, ein Anfänger, danach arbeitend, ein befriedigendes Resultat erzielen und damit das Lob der Tafelrunde einheimsen kann. Wer lieber noch mehr Kalorien sparen will, vermindert die angegebenen Fettmengen noch mehr (und paßt dann auch entsprechend mehr auf, daß nichts anbrennt!).

Die Fotos in diesem Buch wurden in meinem Haus im Verzascatal aufgenommen. Wir haben die Speisen hier gekocht und schließlich verzehrt im Garten unter dem Nußbaum. Die Mosel-Rezepte erinnerten mich an liebe Freunde von der Mosel (und der Wein, den wir dazu tranken, ebenfalls). Einmal mehr stellte ich fest, welch enges Band sich um alle schlingt, die gerne kochen, gerne gut essen. Regionen sind nicht die Hauptsache. Die Vielfalt ist es, die den Rezept-Strauß bunt macht. So bunt, wie ein Blumenstrauß der Freundschaft nur sein kann.

Als Gott der Allmächtige das Licht erschaffen hatte, sagte der Engel des Lichtes «Herr, sei barmherzig, erschaffe auch den Schatten.» ▶

Vorwort

Wer viel reist, kommt oft heim. Vielfältig und bunt sind die Bilder aus fremden Ländern und Zonen, die man dann mit sich trägt, heimträgt. Sie reizen zum Vergleich. Zum Vergleich mit Daheim, mit heimatlicher Landschaft, mit heimatlichen Verhältnissen. Dabei sind diese Bilder aus fernen Ländern meist keine Alltagsbilder, sondern Feiertagsbilder oder doch wenigstens Sonntagsbilder, denn wer als Tourist reist, der lebt während der Zeit seiner Reise unter Ausnahmebedingungen. Die Tourismusbranche tut alles, um für ihn den gewohnten Komfort mitzunehmen, um ihn ja nicht in Kontakt kommen zu lassen mit den mehr oder weniger armen Verhältnissen der Bevölkerung im Gastland. Und wenn es zu einer Begegnung kommt, mit den Armen und Kranken, dann redet man leicht vom Kulturschock. Wer reist, kennt die entsprechenden Situationen. In der Millionenstadt Kairo zum Beispiel oder in den Städten Indiens. Aber man braucht gar nicht so weit zu gehen. Selbst eine ungeschönte Begegnung mit der Bevölkerung unserer scheinbar so reichen Nachbarländer läßt einen oft erschrecken darüber, wieviel Armut und Not es immer noch gibt oder wieder gibt. Eine Schweizer Bergbauernfamilie kommt mir in den Sinn mit sechs Personen, denen 300 Schweizer Franken pro Monat zur Verfügung stehen für das, was gekauft werden muß, wobei natürlich keine Miete anfällt und eine Reihe von Grundnahrungsmitteln von ihnen selbst produziert werden. Nein, sie leben weder in Elend noch in Not. Aber die Hausfrau muß schon sehr rechnen, wenn sie auch nur die größten Bedürfnisse, die dringendsten Wünsche erfüllen will. Die Kleider für sich, ihren Mann und den Großvater kauft sie im Secondhandladen. Wie gesagt, keine eigentliche Not, aber halt Verzicht auf Zuvieles, was unsereinem selbstverständlich erscheint. Urlaub z.B. Gleichwohl.

Du kommst also heim. Fällst sozusagen vom Himmel. Zollabfertigung, das Gepäck, deutsche Stimmen, die S-Bahn. Und draußen ist sie wieder, die deutsche, die heimatliche Wirklichkeit. Dort wo du warst, war der Himmel alleweil blau, das Meer lief rauschend auf einen Strand unter Palmen, schneeweiße Berge standen über sattgrünen Matten mit Enzian und Alpenrosen, die aufregende Stadt bot dir Begegnungen und erlesene Kultur. Und jetzt bist du wieder daheim in deinem Baden-Württemberg, in deinem Rheinland-Pfalz, in deiner Schweiz, wo es grau ist und kalt und regnerisch und wo das Kulturangebot bescheiden ist und provinziell. Der Alltag hat dich wieder, die Uhr diktiert und die Pflicht. Auch dein Partner hat sein Alltagsgesicht wieder.

Eine verwehte Erinnerung ist Bora-Bora und New York und Zermatt.

Aber jetzt sagen Sie ehrlich, ist unsere Heimat, das Land zwischen Eifel und Alpenkamm, zwischen Vogesen und Iller nicht auch schön? Ich ertappe mich beim Heimkommen immer wieder bei der Feststellung, wie schön es ist, dieses Land, in dem wir leben. Der Ausflug in die Ferne, den Wegen der Sehnsucht nach, ist etwas Besonderes, aber wenn ich aus dem Süden komme, wo im Sommer eine gnadenlose Sonne alle Pflanzen verbrennt, wo die Farbe Braun infolgedessen dominiert, da ist es eine Erholung, das Grün unserer Vegetation zu sehen und die Blumen, die Wiesen und den Wald. Und das Wasser, die Bäche und den Fluß. Fließendes Wasser, das was den Arabern in Spanien Ausdruck des Paradieses, des höchsten Glückes war. Man muß die Gärten der Alhambra sehen, um dies zu verstehen. Wir haben es in Fülle. Und wir haben den Schwarzwald und den Kaiserstuhl, den Pfälzerwald und das Moseltal, das Markgräflerland und den Bodensee, Oberschwaben und die dunklen Maare der Eifel, und das Elsaß liegt nahe und das Emmental auch.

Haben Sie nie in der Ferne Heimweh gehabt? Und wäre es nur nach Rindfleisch, Bouillonkartoffeln und Meerrettichsoße?

Überhaupt das Essen. Mag unser Land am Rhein, hüben und drüben, unsere Vogesen und unser Schwarzwald, unser Kraichgau und unsere Pfalz, unser Hunsrück, unsere Mosel und unsere Eifel noch so schön sein und das Schwabenland auch und der Bodensee, das Emmental und das Engadin, wenn man wie ich durch diese Regionen gewandert ist, um ihre Geschichten zu erzählen und um mit Kathrin ihre Rezepte nachzukochen, dann hat man gelernt, daß hier ein kulinarisches Paradies ist, geboren aus der Begegnung von Völkern. Daran ist Österreich genauso beteiligt wie Frankreich, Italien wie Böhmen. War Freiburg im Breisgau nicht bis 1806 Hauptstadt von Vorderösterreich? Haben nicht die italienischen Arbeiter, die die Schwarzwaldbahn in die Felsen sprengten und kühne Brücken bauten, ihre Küche mitgebracht? Kamen nicht die Franzosen über den Rhein, meist in unfreundlicher Absicht, aber immerhin? Wurde nach dem Dreißigjährigen Krieg das Land am Rhein nicht von Schweizern und Tirolern besiedelt?

Wenn man es genau betrachtet, handelt dieses Buch von der Herzregion Europas, von ihren Schönheiten und ihren Genüssen, unbeschadet der Landesgrenzen, die nicht mehr zählen.

Und so betrachtet, ist dieses Buch ein Buch über Europa.

Und die Vielfalt unserer Regionen steht für die Vielfalt Europas, die zu preisen Eulen nach Athen tragen heißt.

Ich wünsche Ihnen viel Vergnügen beim Lesen dieses Buches. Und wenn Sie dabei etwas Neues entdecken würden, und dieses Neue kann auch etwas ganz Altes, längst Bekanntes sein, das man einfach neu sieht, würden Kathrin und ich uns freuen.

In diesem Sinne!

Ihr

*Die Mosel bei Zell:
Der Wald und die
Rebberge sind
kultiviert, der Fluß ist
reguliert, Häuser und
Ortschaften sind
ohnehin Menschen-
werk: und doch ist es
schön an der Mosel* ▶

Mosel

Von Werner O. Feißt

Wenn man Mosel sagt, denkt man Wein. Ganz unwillkürlich fallen einem die Orte ein mit den klingenden Namen Klüsserath, Trittenheim, Bernkastel, Traben-Trarbach, Piesport, Zell, Cochem. Und man sieht sie vor sich, diese kleinen Städtlein und Dörfer zwischen Fluß und Rebberg, mit ihren malerischen Häusern, romantischen Winkeln. Dichter haben diese traumhafte Landschaft beschrieben, ein Römer hat früh den Anfang gemacht: Ausonius.

Dabei hat die Mosel, wenn sie diesen Abschnitt ihres Laufes erreicht, bereits einiges hinter sich: 545 km lang ist sie. Man sagt, sie habe ein Einzugsgebiet von rund 28 000 km^2. Ihre Quelle liegt am Col de Bussang, in den Südvogesen. Dann fließt sie zunächst einmal nach Westen, durch Lothringens Stufenland. Bei der Stadt Toul verläßt sie ihr Flußbett, durch das sie ursprünglich zur Maas floß, und fließt nun nach Nordosten, fließt durch Metz, bildet dann die deutsch-luxemburgische Grenze, um ab Trier dann zu jenem berühmten Fluß zu werden, den man meint, wenn man Mosel sagt. Sie fließt in einem tief eingeschnittenen und windungsreichen Tal durch den linksseitigen Teil des rheinischen Schiefergebirges, zerschneidet dieses in Hunsrück und Eifel.

Was ist so schön an der Mosel? Da ist ein besinnlich fließender Fluß mit hohen Uferhängen, da sind Wälder an den Nordhängen dieses Talgrabens und da ist die menschengemachte Schönheit der Rebberge mit ihrer grünen Geometrie an den sonnenüberfluteten Südhängen. Da ist der sanfte Schwung der Flußbiegungen, die verbergen und enthüllen, da ist ein Licht, das es erst wieder einige hundert Kilometer südlich von hier gibt. Und eben die Dörfer und Städtchen am Fluß.

Und erst noch der Wein, der in den Gaststuben golden die Gläser füllt!

Weinkenner sprechen von «edlen Weinen» von «Spitzengewächsen» von «leichter Eleganz und würziger Zartheit».

(Dem Badener, der seinen Wein herb und rund liebt, sind diese Weine eine Herausforderung, er hält sich eher an die Elblinge, die an der Obermosel angebaut werden, dort wo die Mosel Grenze zu Luxemburg ist.)

Es waren die Griechen, so heißt es, die von Marseille aus die Weinkultur an die Mosel gebracht haben. Marseille war ja eine griechische Stadt, als Kolonie um 600 v. Chr. von Griechen aus Kleinasien als Massalia gegründet, das sich rasch zur bedeutendsten Handelsstadt im westlichen Mittelmeer entwickelte.

Seit dem ersten Jahrhundert nach Christus nahmen die Römer den Weinbau an der Mosel in die Hand und schufen ein großes einheitliches Weinbaugebiet, dessen Produkte von Trier aus vermarktet wurden.

Seit damals wurde hier die Elblingtraube angepflanzt und wohl auch blaue Reben. Am Ende des 17. Jahrhunderts wurde der Elbling, der einerseits robust und widerstandsfähig ist, andererseits aber als zuckerarm, bukettarm und säurereich bezeichnet wird, durch den Riesling ersetzt. Das führte zum Aufstieg des Moselweins, dessen Ruhm weit über Deutschland hinausgeht.

Wo Wein getrunken wird, wird auch gut gegessen.

An der Mosel sind es ebenso einfache, deftige, bäuerliche Speisen wie die feine Küche der Wohlhabenden, der Weinhändler und der geistlichen Herren der Stadt Trier.

Überhaupt Trier. Haben doch schon die kleinen Ortschaften am Fluß durch die klimatische Gunst der schützenden Berghänge von Eifel und Hunsrück, durch die sich die Mosel ihr tiefes Bett gegraben hat, viel südlichen Charme! In Trier, da ist ganz einfach Rom. Und Rom ist nicht nur durch die besondere Atmosphäre spürbar. Unter Kaiser Konstantin (306 bis 336 n. Chr.) war Trier Hauptstadt des Römischen Reiches, war nach Rom, Antiochien, Alexandrien und Karthago die fünftgrößte Stadt des Römischen Reiches. Viele Zeugnisse sprechen noch von dieser großen Zeit, die mit dem Abzug der Römer, 403 n. Chr., und der Besetzung durch die Franken ihr Ende fand.

Da ist eine Brücke, die römische Ingenieure vor mehr als 1800 Jahren über die Mosel gebaut haben.

Da sind die Ruinen von Theatern und Bädern.

Da ist das eindrucksvolle Stadttor «Porta Nigra», das die Jahrhunderte überlebte, weil einer seiner Räume als Kirche diente.

In der Palastaula, an die sich das kurfürstliche Schloß anlehnt, hat ein römischer Kaiser Hof gehalten. Es war Kaiser Konstantin, den man den Großen nennt. Er hat das Christentum zur Staatsreligion gemacht, er hat aus dem kleinen Ort namens Byzanz seine Stadt Konstantinopel gemacht. Das Zweite Rom, wie man sagt. Aber zuerst hat er hier in Trier residiert, wie sein Vater, Constantius Chlorus, der in einer Zeit, als es im Imperium Romanum vier Kaiser gab – aus Gründen der besseren Verteidigung des Reiches gegen die andrängenden Barbaren – von Trier aus den westlichen Teil des Reiches regierte.

Diese Palastaula, dieser Audienz- und Repräsentationsraum vermittelt in einmaliger Weise einen Eindruck von der Würde eines römischen Kaisers. Tritt man ein, ist man von der Größe und Weite des Raumes überwältigt. Seine Dimensionen, 67 Meter lang, 32 Meter hoch, sind im Wortsinn übermenschlich. Man fühlt sich winzig und unbedeutend, und es läßt sich leicht vorstellen, wie demütig ein Besucher, etwa ein germanischer Stammesfürst, dem Herrn dieser Welt, dem römischen Kaiser – das römische Reich umfaßte ja «diese Welt» – gegenübertreten mußte.

Die Mutter des Kaisers, die heilige Helena, ließ ihren Palast zum Dom umbauen. Diese Überlieferung wurde bei archäologischen Untersuchungen im Dom auf überraschende Weise bestätigt. Man fand unter der Vierung des Domes, in viele Stücklein zerbrochen, die Deckenmalereien aus einem der Säle des Palastes: Bildnisköpfe der kaiserlichen Familie, unter ihnen auch das Bild der heiligen Helena. Diese Bilder ließen sich zusammensetzen und bilden jetzt eine besondere Sehenswürdigkeit des Bischöflichen Museums.

Die heilige Helena hat dem Dom die vielleicht kostbarste Reliquie geschenkt, die sie aus dem Heiligen Land mitgebracht hatte, den ungeteilten Rock des Christus, den die Soldaten unter dem Kreuz mit Würfeln ausgespielt haben. Dieser Rock ist bis heute in Trier und wird zu bestimmten Zeiten dem frommen Volk gezeigt. In der übrigen Zeit befindet er sich in einem entsprechend großen hölzernen Kasten unter Panzerglas in einem Anbau des Domes.

Die vielen Zeugnisse der Vergangenheit sind einen Besuch in Trier wert, aber ich finde ein Trierbesuch lohnt sich auch durch das besondere Flair der Stadt.

Man muß von der Porta Nigra her kommen und zum Marktplatz gehen, an einem Sommertag, wenn die Trierer und die Fremden unterwegs sind, an den Tischen sitzen vor den Straßencafes und sich einfach mit der fröhlichen Menge treiben lassen, vorbei an den alten schönen Häusern, an der Steipe und dem Roten Haus, die im Krieg zerstört waren und die jetzt wieder aufgebaut sind und wo sich das berühmte Distichon befindet, das behauptet, Trier sei um 1300 Jahre älter als Rom. (Tatsächlich wurde Trier als römische Stadt im Jahre 15 v. Chr. durch Kaiser Augustus begründet: Augusta Treverorum.) Und man muß am Abend die stilvollen Kneipen und Gaststätten von Trier besuchen und unversehens in Kontakt kommen mit den Trierern, die gesellig sind und weltoffen.

Sie sind ein lebensfrohes Volk, die Trierer und die Leute von der Mosel, die zu leben wissen. Und zum Leben gehört essen und trinken, das bekanntlich «Leib und Seele zusammenhält».

Die Hochflächen der beiden Gebirgslandschaften Eifel und Hunsrück, die von der Mosel getrennt werden, unterscheiden sich erheblich. Da ist zunächst einmal die Eifel, zugleich die nördlichste Region unseres Sendegebiets (als ich dieses in einer Sendung behauptet habe, hat mir eine Zuschauerin aus Cuxhaven vehement brieflich widersprochen. Denn in Zeiten der Satellitenausstrahlung gibt es keine Grenzen mehr).

Das Lexikon nennt die Eifel ein welliges Rumpfhochland, von einzelnen flachen Bergrücken durchzogen, zwischen Mosel und Kölner Bucht, die östliche Grenze bildet der Rhein, die westliche Luxemburg und Belgien. Das Klima, so heißt es weiter, sei rauh.

Im 19. Jahrhundert kam zu diesem Klima noch die Folge eines unbeschreiblichen Raubbaus am Wald. Ein Bericht aus dem 18. Jahrhundert schreibt: «es sei überhaupt in den Waldungen gehaust worden, als ob das Holz wie der Salat im Garten wachsen täte». Eine übermäßige Beweidung tat ein Übriges, so daß Mitte des 19. Jahrhunderts 46 % der Gesamtfläche der Zentraleifel Ödland waren. Die Folge waren Not und Verelendung der Bevölkerung. Allerdings sind auch die Höhenlage der Eifel, das Klima, wobei die hohen Niederschläge ausschlaggebend sind, und die Qualität der Böden dem Ackerbau nicht günstig. Eine einzige Ausnahme sind die Kalkmulden an der mittleren Eifel. Angebaut werden Kartoffeln und Roggen. Die Viehhaltung ist ohne Bedeutung. Vorherrschend sind kleinbäuerliche Betriebe, die meistens auf Nebenerwerb angewiesen sind.

Solchen Nebenerwerb bieten z. B. die Steinbrüche im Bereich der Basaltgesteine und Bimssteinlager. An einigen Orten ist auch eine bescheidene Industrie entstanden. Viele Bewohner der Eifel pendeln auch in industriell entwickeltere Bereiche. Mit 68 Einwohner auf den km² ist die Eifel sehr dünn besiedelt.

Reichtum ist ohnehin in diesem armen Gebiet nicht daheim. Dafür bietet die Eifel viel landschaftliche Schönheit. Wald wechselt mit landwirtschaftlichen Flächen.

In der mittleren und östlichen Eifel kommen die Spuren von Vulkanismus hinzu. Das sind die Maare, wassergefüllte Vulkankrater, rund und manchmal mehr als 200 Meter tief.

Die jüngsten sind knapp 10 000 Jahre alt, so daß man ruhig annehmen kann, daß unsere steinzeitlichen Vorfahren die Ausbrüche dieser Vulkane noch gesehen haben. Was geblieben ist, ist einfach schön. Man muß einmal am Pulvermaar gewesen sein, um sich davon zu überzeugen, oder an jenem Maar, an dem das Kloster Maria Laach liegt. Beide Maare liegen in der Nähe der Autobahn.

Auch die höchste Erhebung der Eifel, die Hohe Acht mit 747 Metern, ist eine Basaltkuppe vulkanischen Ursprungs. Und dann gibt es Mineralwässer und Kohlensäurequellen.

*Von nichts kommt nichts. Noch immer will Qualität erarbeitet werden.
Und gerade in den besten Weinlagen, an den Steilhängen mit ihrem eigenen Kleinklima ist der Einsatz von Maschinen unmöglich.*

Sehr ernsthafte Menschen wohnen in diesem Land. Die Speisekarte ist einfach. Der Kartoffelpuffer ist hier daheim. Hat nicht die Kartoffel die Hungersnöte der Vergangenheit auch hier oben besiegt? Und Wildrezepte gehören dazu, denn natürlich hatte es und hat es in den weiten Wäldern viel Wild.

Der südliche Teil des Rheinischen Schiefergebirges, den die Mosel abschneidet, ist der Hunsrück, zwischen Mosel und Nahe, sozusagen die linksrheinische Fortsetzung des Taunus bis zur Saar.

Der Hunsrück galt lange Zeit als der am stärksten benachteiligte Raum des gesamten Rheinischen Schiefergebirges. Er ist stark bewaldet, wobei in den Senken kleine Rodungsinseln liegen mit einer ursprünglich kärglichen Landwirtschaft, die nicht mehr als Selbstversorgung zu leisten in der Lage war. Seit einiger Zeit wird in stärkerer Weise Viehwirtschaft betrieben, die einige Bedeutung erreicht hat.

Die Hunsrücker Höhenstraße hat die Ansiedlung von Gewerbebetrieben ermöglicht, auch die Anbindung der milchproduzierenden Betriebe an die Molkereien. Der Fremdenverkehr wurde wesentlich gefördert. In der Vergangenheit jedoch waren Armut und die Notwendigkeit der Auswanderung charakteristisch für die Situation der Bewohner des Hunsrück. Armut und Sparsamkeit prägen auch die traditionellen Küchenrezepte des Hunsrück.

Bohnensuppe

1. *1 l Fleischbrühe*
   300 g grüne Bohnen, in 2 cm lange Stücke schneiden
   4 Kartoffeln, würfeln
   1 Lauchstengel, in Streifen schneiden
   ¼ Sellerieknolle, in Scheibchen schneiden
   1 EL Petersilie, fein hacken
   1 TL Bohnenkraut, fein hacken
   Salz, Pfeffer, Muskatnuß
2. *100 g Bauchspeck, würfeln*
   1 EL Mehl
3. *1 EL Schnittlauch, fein hacken*

Die Gemüse in der Fleischbrühe köcheln (½ Std.). Würzen. Die Speckwürfel auslassen. In deren Fett das Mehl anschwitzen. Mit etwas Suppenbrühe ablöschen. Zurück zur Suppe geben. Mit Schnittlauch bestreut servieren.

Himbeercrème Luise

1. *500 g Himbeeren verlesen, waschen. Einige schöne Exemplare zurücklegen.*
2. *250 g Puderzucker*
3. *1 Eiweiß*
4. *1 EL Zitronensaft*
   4 EL Himbeergeist
5. *125 ml Rahm*

Die Himbeeren mit dem Mixstab pürieren. Den Puderzucker darunterrühren. Das Eiweiß steif schlagen, unterheben. Zutaten von 4. beigeben. Den Rahm steif schlagen und vor dem Servieren unterziehen. Die Crème in 4 Coupeschalen verteilen, mit den zurückbehaltenen Himbeeren dekorieren.

Kalbszunge

1. *1 ½ l Wasser*
   1 Büschel Petersilie
   1 Lorbeerblatt
   1 TL Salz
2. *1 Kalbszunge*
3. *2 EL Butter*
   2 EL Mehl
   100 ml Moselwein
   400 ml Zungenbrühe
4. *½ Zitrone, mit der Schale in Scheiben schneiden*
5. *4 EL Rahm (Sahne)*
   Pfeffer, Muskatnuß

Die Zutaten von 1. zum Kochen bringen. Die Zunge darin ca. 1 Std. auf kleinem Feuer zugedeckt garen. Die Zunge aus dem Sud nehmen. Diesen abgedeckt auf großer Flamme um zwei Drittel einkochen lassen (wir brauchen schließlich 400 ml Brühe). Lorbeerblatt und Petersilienbüschel entfernen. Die Zunge von der Spitze her schälen, schräg in ca. 4 mm dicke Scheiben schneiden. Diese auf eine vorgewärmte Platte legen und warmstellen.
Die Butter schmelzen, die Zwiebel darin glasig dämpfen. Das Mehl beigeben, einige Minuten mitdämpfen. Wein und Zungenbrühe beigeben, evtl. nachwürzen. Einige Minuten köcheln lassen. Die Zitronenscheiben beigeben, nochmals einige Minuten köcheln. Rahm beifügen. Die Sauce über die Zungenscheiben gießen. Salzkartoffeln oder Nudeln und grüner Salat gehören dazu.

Bohnensuppe

Kalbszunge mit Salzkartoffeln

Kartoffelschnittchen mit Apfelmus

Kartoffelschnittchen

1. 1 kg rohe Kartoffeln, auf der feinen Raffel reiben
2. 2 große Zwiebeln, auf der feinen Raffel reiben
   2 Eier
   1 TL Salz
   2 EL Petersilie, fein hacken
3. 3 EL Sonnenblumenöl

Die Kartoffeln in ein Sieb geben. Gut ausdrüken. Das ablaufende Wasser auffangen. 10 Minuten stehen lassen. Inzwischen die Kartoffeln mit den übrigen Zutaten von 2. vermengen. Unterdessen hat sich die im Kartoffelwasser enthaltene Stärke am Boden gesammelt. Das Wasser vorsichtig abschütten. Die Stärke zum Teig geben.

Das Öl erhitzen (am besten in einer Eisenpfanne). Eßlöffelweise vom Kartoffelteig hineingeben, flach drücken. Beidseitig goldbraun braten. Schmeckt am besten auf Bauernbrot mit Butter oder zu Apfelmus.

Kaninchenbraten

1. 1 ganzes Kaninchen, vom Metzger in 8 Teile zerschnitten
   Salz, Pfeffer
2. 500 ml Moselwein
   1 Zwiebel, besteckt mit
   1 Lorbeerblatt und
   2 Nelken
   1 Zweig Petersilie
   1 Zweig Majoran
   1 Zweig Thymian
   3 Salbeiblätter
   5 Wacholderbeeren
3. 2 EL Butterfett (eingesottene Butter)
4. 100 ml Rahm
5. Wenn die Saison es erlaubt:
   1 Handvoll Moseltrauben

Die Fleischstücke würzen. Die in 2. angegebenen Zutaten miteinander vermengen, darübergeben. Zugedeckt an einem kühlen Ort 2 Tage stehen lassen. Gelegentlich umrühren.

Die Fleischstücke gut trockentupfen. Das Butterfett in einer Kasserolle heiß werden lassen, das Fleisch darin ringsum anbraten. Die Hälfte der Marinade beigeben. Auf kleinem Feuer 1 ½ Std. garen. Nach und nach den Rest der Marinade beifügen. Den Rahm beigeben. Nochmals ¼ Std. ziehen lassen (nicht mehr kochen).

Das Fleisch aus der Sauce nehmen. Warmstellen. Die Sauce evtl. nachwürzen. Die Traubenbeeren darin erhitzen. Die Fleischstücke in mundgerechte Stücke schneiden, die Sauce mit den Trauben darüber anrichten.

Kartoffelstock und Tomatensalat dazu servieren.

Kaninchenbraten mit Kartoffelstock

Radieschengemüse

Radieschengemüse

1. 1 ½ l Wasser
   1 TL Salz
   800 g Radieschen, Wurzel- und Blattansatz wegschneiden. Herzblätter der Radieschen zurückbehalten, fein hacken
2. 2 EL Butter
   1 Zwiebel, fein hacken
   Pfeffer
   1 Prise Zucker

Wasser und Salz aufkochen. Die Radieschen ohne die zurückbehaltenen Blätter beigeben. 5 Minuten köcheln. Wasser abgießen. Die Butter schmelzen, die Zwiebel darin glasig dünsten. Radieschen beigeben. 3 Minuten dämpfen, würzen. Vor dem Servieren die Herzblätter darüber streuen.

Traubentorte

Teig:
1. *200 g Butter, zimmerwarm*
2. *2 EL Zucker*
   2 Eigelb
   2–3 EL Rahm (Sahne)
   Schale einer halben Zitrone, abreiben
3. *250 g Weißmehl (Typ 405)*
   Salz

Belag:
4. *100 g Mandeln, fein reiben*
5. *500 g Moseltrauben*
6. *4 Eiweiß*
   1 Prise Salz
   3 EL Zucker

Die Butter schaumig rühren. Nach und nach die Zutaten von 2. zugeben. Das Mehl darübersieben, Salz beigeben. Alles zu einem Teig verarbeiten. Diesen ¼ Std. kühlstellen. Dann in der Größe eines Kuchenblechs von 24 cm Durchmesser + 6 cm für den Rand auswallen. Das Blech einfetten, den Teig daraufgeben. Mit einer Gabel überall einstechen.

Die Mandeln darauf verteilen. Im auf 180°C vorgeheizten Ofen 20 Minuten backen. Die Traubenbeeren darauf verteilen. Das Eiweiß mit dem Salz ganz steif schlagen, dabei nach und nach den Zucker einrieseln lassen. Eiweiß in den Spritzsack füllen, die Torte damit verzieren. Im auf 150°C zurückgeschalteten Ofen nochmals ¼ Std. goldbraun backen.

Traubentorte

Pfälzer Wald

Von Werner O. Feißt

◀ *Landschaft im Pfälzer Wald: Sandsteinfelsen, Kiefern, fruchtbare Äcker.*

Der Pfälzer Wald ist eine typische Mittelgebirgslandschaft mit einem der geschlossensten Waldgebiete Deutschlands.

Was die landschaftliche Schönheit anbelangt, so müßte der Pfälzer Wald ein hochgerühmtes Fremdenverkehrsgebiet sein. Ich kenne kaum eine andere Landschaft, die so pittoresk, so malerisch ist. Das hängt an den Sandsteinfelsen, die rot und gelb und weiß den Begriff «Buntsandstein» demonstrieren und die zu den abenteuerlichsten Felsformen verwittert sind. Die bunten Tische, Nadeln, Türme sind umgeben vom Dunkelgrün der Kiefern und Tannen, umflossen von plätschernden Bächen, die dann wieder in breite Auen münden, sattgrün mit bunten Blumen, oder in freundliche Seelein, die einladen, darin zu baden. Die Wanderwege in diesem Land sind zivil, schwingen leicht auf und ab, und da und dort begegnet man einem Reh oder einem Fuchs. Besondere Höhepunkte einer Wanderung durch den Pfälzer Wald sind die zahlreichen Burgen, die die Staufer gebaut haben mit dem Geld aus dem Normannenschatz.

Die Normannen, deren Kriegszüge zur See berühmt und berüchtigt waren, hatten unter ihrem König Roger im 11. Jahrhundert Sizilien erobert und sich dort häuslich eingerichtet. Als der letzte der Normannenkönige, Roger II., ohne männlichen Nachkommen starb, verheiratete Kaiser Barbarossa seinen Sohn Heinrich VI. mit dessen Tochter Konstanze. Es war alles andere als eine Liebesheirat. Konstanze war elf Jahre älter als Heinrich und wehrte sich gegen diese Ehe, die nur aus Machtgründen von Barbarossa durchgesetzt wurde, und ob Heinrich über seine Braut entzückt war, weiß man nicht. Aber danach fragte auch niemand, Liebe war kein Thema. Schließlich ging es darum, die Herrschaft der deutschen Kaiser nach Süditalien auszuweiten, nachdem bereits große Teile Italiens mehr oder weniger beherrscht wurden. Die Normannen hatten einen gewaltigen Schatz angehäuft. Frucht ihrer zahllosen Raubzüge. Und eine der ersten Handlungen Heinrichs nach seiner Hochzeit war, diesen Schatz in Sicherheit zu bringen. Dazu wurde die ganze Herrlichkeit auf einige hundert Maultiere geladen und über die Alpen zur Trifels gebracht, der festen Burg im Pfälzer Wald, wo auch die Reichskleinodien, die Krone, das Zepter, das Schwert und das Reichskreuz mit der heiligen Lanze, mit der der römische Hauptmann Longinos die Seite des Christus durchbohrt hatte, aufbewahrt wurden. Das Normannengeld haben die Staufer gut angelegt. Sie haben feste Burgen gebaut, 90, so sagt man, seien es insgesamt, in den Vogesen und im Pfälzer Wald. Ihre Ruinen stehen bis heute. Keine hat allerdings an Ruhm die Reichsfeste Trifels erreicht. Auf der Trifels hat Heinrich VI. auch den englischen König Richard Löwenherz gefangen gehalten, bis dieser ein ungeheures Lösegeld bezahlt hatte.

Pfälzer Wald, dessen Geschichte auch sonst bunt und vielfältig war, ist die neuere Bezeichnung für ein Gebiet, das früher Haardt hieß. Er wird nach Osten durch die oberrheinische Tiefebene, die sogenannte Vorderpfalz, begrenzt, nach Norden durch den Pfälzer Bergwald, westlich durch den Westrich und im Süden, jenseits der französischen Grenze, durch die Zaberner Senke.

Umgebaut, restauriert, politisch mißbraucht, und doch ist die Trifels ein Herzstück des heiligen römischen Reiches deutscher Nation. Bis heute werden hier die Kopien der Reichskleinodien gezeigt, die einst hier verwahrt waren: die Krone, das Schwert, die heilige Lanze, der Reichsapfel.

Der Pfälzer Wald ist nicht nur landschaftlich schön, er ist zugleich eine dichtbesiedelte Landschaft. Sie ist nach Süden hin offen, vor kalten Nordwinden geschützt und hat infolgedessen ein warmes, mildes Klima, in dem der Wein ebenso gedeiht wie die Eßkastanien in ganzen Hainen und Obst und Gemüse.

Der Pfälzer Wald hat zwei Zentren: Kaiserslautern und Pirmasens. In Kaiserslautern hat der naturwissenschaftliche Zweig der Rheinland-Pfälzischen Universität Trier-Kaiserslautern seinen Sitz. Hier gibt es eine Fachhochschule, eine Meisterschule für Handwerker und eine wichtige Landwirtschaftsschule. Kaiserslautern ist der Standort der Nähmaschinenfabrik «Pfaff», deren Produkte in vielen Haushalten stehen. Hier gibt es Eisen- und Armaturenwerke, und eine Automobilfabrik hat hier ein Zweigwerk. Daß Kaiserslautern auch einen namhaften Fußballverein hat, weiß sogar ich.

Das zweite Zentrum, Pirmasens, die Stadt des heiligen Pirmin, der hier in der Einöde des Pfälzer Waldes eine Einsiedelei begründete, ist trotz der Strukturkrise dieser Branche bis heute das Zentrum der deutschen Schuhindustrie.

Hier gibt es eine Schuhfachschule, hier gibt es eine Messe für Schuhfabrikation, hier gibt es ein Schuhmuseum. Natürlich gibt es in Pirmasens noch immer auch Schuhfabriken.

Ein fröhlicher Volksstamm wohnt in der Pfalz. Dabei sind sie wahrlich nicht auf Rosen gebettet, die kleinen Landwirte des Pfälzer Waldes und die Arbeiter in den Schuhfabriken, die Schuhvertreter und die Lederhändler von Pirmasens.

Aber sie wissen zu leben und die Feste zu feiern, wie sie fallen. Da wird gegessen und getrunken und da werden die alten Lieder gesungen. Der Alltag aber verlangt, daß man sich nach der Decke streckt. Da ist der Tisch sparsam gedeckt. Aber Pfälzer Hausfrauen verstehen beides, die Sparsamkeit und das schmackhafte Kochen.

Wie in vielen «Küchen der armen Leute» liegt das Geheimnis in der Qualität einfacher Zutaten. Gespart wird nicht an der Qualität. Ein Beispiel ist der Pfälzer Saumagen, den unser Kanzler Helmut Kohl im In- und Ausland berühmt gemacht hat. Da ist zunächst ein Schweinemagen, etwas, was der Metzger gewöhnlich nicht verwendet. Und in diesen Schweine- sprich Saumagen wird eine wohlgewürzte – hier beginnt die Kunst der Hausfrau – Masse aus Fleisch und Kartoffeln, die man durch den Fleischwolf gedreht hat, gefüllt. Man kann viel Kartoffeln nehmen oder wenig, man kann einfaches Fleisch nehmen oder mageren Schinken. Aber, was immer man nimmt, billiges Fleisch oder teures, es muß auf alle Fälle gut sein, Qualität haben. Dann wird der Saumagen gekocht. Ist er gar, kommt er zum Braten in die Backröhre und wird fleißig mit Bier bepinselt, bis eine wunderbar duftende braune, rösche Kugel entsteht, die man aufschneidet und zu einem Kartoffelsalat ißt. Wer sich an der derben Bezeichnung Saumagen stört, ist selber schuld. Eines ist der Saumagen bestimmt, ein klassisches Beispiel der schon genannten Küche der armen Leute, die mit einfachen, aber qualitativ hochwertigen Zutaten und kulinarischem Können Feines kochen.

Die Pfalz hat vor allem eine hohe Wurstkultur. Berühmt ist die Pfälzer Leberwurst.

Es ist der sonnigste Teil der ohnehin sonnigen oberrheinischen Tiefebene, wo am Ostrand des Pfälzer Waldes sozusagen zwischen diesem und der Ebene im Windschatten von Vogesen und Pfälzer Wald in einem fast mediterranen Klima der Pfälzer Wein gedeiht.

1870 Stunden jährliche Sonnenscheindauer bei einer Jahresdurchschnittstemperatur zwischen 10,5 und 11 Grad Celsius, weniger als zwei Monate Frost und eine hohe Luftfeuchtigkeit lassen nicht nur den Wein gedeihen, sondern auch Mandeln und Feigen kommen hier zur Reife.

Kaum ein anderes deutsches Weingebiet hat solch eine Gunst des Klimas. Auch die Böden sind warm und trocken, im wesentlichen verwitterter Buntsandstein, Löß und Lehm, Mergel und Muschelkalk.

An Rebsorten wird Müller-Thurgau angepflanzt, Silvaner, Riesling, Morio-Muskat, Scheurebe und Blauer Portugieser. Mit diesem Blauen Portugieser, der um Bad-Dürkheim wächst, ist die Rheinpfalz das drittgrößte Rotweingebiet nach Württemberg und Baden.

Neben den genannten Rebsorten werden in kleineren Mengen so interessante Weine wie Weißer Burgunder und Gewürztraminer angebaut sowie eine Reihe von Neuzüchtungen wie zum Beispiel Huxelrebe und der Freisamer.

Leichte frische Schoppenweine werden hier ebenso produziert wie gehaltvolle Tischweine und erlesene Spitzenprodukte.

Die Weine, die hier gedeihen, sind bernsteinfarbig, körperreich, rund, kräftig, aromatisch, mild und wenig säurebetont.

Das Gebiet mit den edelsten Weinen beginnt vor Neustadt und zieht sich bis Herxheim. Zwischen Deidesheim und Forst gedeihen Spitzenrieslinge von edler Würze und feinstem Duft.

Natürlich rechnen sich wenigstens ein Teil der

Während sich das Original der deutschen Kaiserkrone in der Hofburg zu Wien befindet, hat die Trifels eine kostbare Kopie. Die Krone war zusammen mit den übrigen Reichsinsignien äußerliches Zeichen der Macht des Kaisers, des Herrn über das Römische Reich deutscher Nation.

Pfälzer Weinorte bereits zu der Vorderpfalz, dem Gebiet zwischen Pfälzer Wald und Rhein. Wenn man mit dem Wagen durch die Rheinebene fährt, etwa auf der deutschen Weinstraße, die bis zur französischen Grenze die Weinorte zwischen Herxheim und Schweigen miteinander verbindet, dann sieht man kein Ende der Rebanpflanzungen. Soweit das Auge geht, Reben, Trauben, Wein. Viele Rebpflanzungen ziehen sich weit in die Ebene hinein, lassen einen an Frankreich denken. Und doch gehen die Intensivkulturen, geht man weiter nach Osten, dem Rhein zu, allmählich von der Rebe zu anderen Pflanzen über.

Hier in der Vorderpfalz gibt es Orte, die auf eine einzelne Frucht spezialisiert sind. Hier gibt es Mirabellendörfer, Zwiebeldörfer, Gelbe-Rüben-Dörfer. Hier spielt der Obstbau eine große Rolle. Äpfel und Birnen aus der Vorderpfalz konkurrieren bei uns in Mittelbaden mit den Erzeugnissen vom Bodensee. Aber im Ganzen wird der Anbau von der Bodenqualität bestimmt. Wo der fruchtbare Löß ansteht, wird Weizen angebaut, Zuckerrüben und Obst, wo der Boden sandig ist, gedeihen Gemüse und Tabak, wo der Boden feucht ist, sind Wiesen, die der Futtergewinnung für Vieh dienen. Kiesige wie sandige Böden tragen Wald.

Es ist Spätsommer. Samstagnachmittag. Ein strahlendschöner Tag. Ich fahre mit dem Auto bei Karlsruhe über die Rheinbrücke und auf der B 10 in die Vorderpfalz hinein. Nach Landau. Dann weiter durch die kleinen Orte zwischen Berg und Ebene Richtung Neustadt. In den Dörfern herrscht reges Leben. Viele Bauernhäuser weisen sich als Straußenwirtschaften aus. Der Besen an der Hofeinfahrt zeigt das Recht zum zeitweiligen Ausschank.

Ein, zwei Tische mit Stühlen stehen im Hof. Wein in Tonkrügen. Bauernbrot gibt es dazu. Selbstgebackenes. Und Speck. Da und dort eine Tranche Saumagen. Herrlichkeit, der ich nicht widerstehen kann, auch nicht dem Angebot von Äpfeln, die in Kisten an der Straße stehen und gekauft werden wollen, und den frisch ausgegrabenen Kartoffeln und den Gelben Rüben und dem Weißkraut. Pfälzer Herrlichkeit. Sie sollten einmal mitkommen und dieses Schlaraffenland erleben.

Markklößchensuppe

1. 100 g Ochsenmark
   2 EL Butter, zimmerwarm
2. 4 Eier
   2–3 EL Paniermehl
      Salz, Pfeffer, Muskat
   1 ½ l Fleischbrühe
   2 EL Schnittlauch, fein hacken

Das Mark erwärmen, bis es flüssig ist. Abkühlen, abseihen. Mit der Butter schaumig rühren. Zutaten von 2. beigeben (soviel Paniermehl, daß die Masse wohl fest ist, aber nicht bröselt). Würzen. Mit zwei Teelöffeln Klößchen formen. In die kochende Fleischbrühe geben, ziehen lassen, bis sie obenauf schwimmen.
In der Fleischbrühe anrichten, mit Schnittlauch bestreuen.
Übrigens: Markklößchen lassen sich problemlos tiefkühlen.

Sahnegrumbeere

1. 800 g Kartoffeln (mehlige Sorte), in feine
      Scheiben schneiden
2. 250 ml Milch
   250 ml Rahm
      Salz, Pfeffer, Muskat
3. 100 g geriebener Käse
4. 4 EL Butter

Die Kartoffeln in eine gut ausgebutterte Auflaufform geben. Die Zutaten von 2. miteinander vermengen. Über die Kartoffeln geben. Den Käse darauf streuen.
Im auf 220° C vorgeheizten Backofen 45–60 Minuten backen. Den Herd ausschalten. Die Butterflocken über den Auflauf streuen. 10 Minuten im Ofen stehen lassen.
Dazu ißt man Apfelmus.

Spargelpfannkuchen

Sud:
1. 4 l Wasser
   2 TL Salz
      Saft einer Zitrone
   2 TL Zucker
   2 EL Butter
2. 1 ½ kg Stangenspargel

Pfannkuchen:
3. 125 g Mehl
   5 Eier
   125 ml Milch
      Salz, Pfeffer
   100 g Butter, schmelzen, aber nicht heiß
      werden lassen
4.
   2 × 1 EL Butterfett (eingesottene Butter)
   4 Scheiben Schinken, gekocht

Garnitur:
5. 2 Eier, hart kochen, fein hacken
   2 EL Petersilie, fein hacken
   3 EL Butter

Das Wasser aufkochen. Übrige Zutaten von 1. beigeben, umrühren. Den Spargel hineingeben, 20 Minuten köcheln. Das Mehl in eine Schüssel sieben. Die Zutaten von 3. nach und nach unterrühren. Würzen. ¼ Std. kaltstellen. Butterfett schmelzen. Aus dem Teig vier Pfannkuchen bakken. In jedem Pfannkuchen eine Scheibe Schinken mitbacken. Die Pfannkuchen vierteln, auf eine vorgewärmte Platte legen. Eine Portion Spargel darauf geben und sie tütenförmig einrollen. Die Butter von 5. erwärmen, die restlichen Zutaten darin erhitzen. Vor dem Servieren über das Gericht geben.

Markklößchensuppe

Spargelpfannkuchen

Spargeltoast

Spargeltoast

Sud:
1. 2 ½ l Wasser
   1 TL Salz
   Saft einer Zitrone
   1 TL Zucker
   1 EL Butter
2. 500 g Stangenspargel

Das Wasser aufkochen, übrige Zutaten von 1. beigeben, umrühren. Den Spargel hineingeben, 20 Minuten köcheln.

Toast:
3. 4 Scheiben Toastbrot
   2 EL Butter
   8 Scheiben roher Schinken
   150 g Reibkäse (am besten Emmentaler)
4. 2 Tomaten, in Scheiben schneiden
   einige Petersilienzweige

Die Brotscheiben mit Butter bestreichen. Mit je einer Scheibe Schinken belegen. Den abgetropften Spargel darauf verteilen. Mit einer weiteren Schinkenscheibe belegen. Mit dem Käse bestreuen. ¼ Std. überbacken. Mit den Zutaten von 4. garniert servieren.

Gefüllte Kalbsbrust

1. 3 altbackene Brötchen, Rinde abreiben, in Scheiben schneiden
   200 ml Milch
2. 1 EL Butter
   1 Zwiebel, fein hacken
   2 EL Petersilie, fein hacken
   Salz, Pfeffer, Muskatnuß
   2 Eier
3. 1 ½ kg Kalbsbrust, in die vom Metzger eine Tasche geschnitten worden ist
   Salz
4. 2 EL Butter
   250 ml Fleischbrühe

Die Milch aufkochen, über die Brötchen geben, ½ Std. stehen lassen, ausdrücken, mit der Gabel zerdrücken.
Die Butter schmelzen, restliche Zutaten von 2. beigeben, dann die Brotmasse. Würzen. Dämpfen, bis sich ein Kloß gebildet hat. Etwas abkühlen, die Eier daruntermengen. Kaltstellen.
Das Fleisch innen und außen leicht salzen. Die Füllung in die Tasche geben. Diese zunähen, dabei beachten, daß das Fleischpaket nicht zu satt wird. Die Butter heiß werden lassen. Das Fleisch darin anbraten, mit der Fleischbrühe ablöschen. Ca. 1 ½ Std. im auf 200° C vorgeheizten Backofen braten. Immer wieder begießen.
Dazu gehört Kartoffelsalat.

Gefüllte Kalbsbrust mit Kartoffelsalat

Schweinebauchrolle mit Sauerkraut

Schweinebauchrolle mit Sauerkraut

1. 1 ½ kg frischer Schweinebauch (vom Metzger ein rechteckig geschnittenes Stück verlangen)
   Salz, Pfeffer
2. 4 EL milder Senf
   750 g Sauerkraut
3. 1 l Fleischbrühe

Das Fleisch ringsum würzen, flach auf ein Brett legen. Mit dem Senf bestreichen. Das Sauerkraut darüber verteilen. Zu einer satten Rolle rollen. Diese mit Bindfaden zusammenbinden.

Die Fleischbrühe in einer Kasserolle aufkochen, die Rolle hineinlegen. Zugedeckt im auf 200° C vorgeheizten Ofen 1 ½ Std. schmoren. Von Zeit zu Zeit drehen.
Salzkartoffeln gehören dazu.

Rostige Ritter

1. 6 Brötchen (sie dürfen altbacken sein)
2. 3 Eier, verquirlen
   500 ml Milch
   1 l Fritieröl
3. 2 EL Zucker
   1 TL Zimtpulver

Die Rinde der Brötchen an einer Raffel abreiben. Die Brötchen vierteln.

Zutaten von 2. gut miteinander vermengen. Die Brotstücke hineinlegen. ½ Stunde stehen lassen. Sie müssen sich ganz mit der Milch vollgesaugt haben. Leicht ausdrücken. In der abgeriebenen Rinde wenden.

Das Fritieröl (es sollte ungebraucht sein) auf 160° C erhitzen. Die Brotstücke fritieren, bis sie knusprig und hellbraun sind. Abtropfen lassen. Zucker und Zimt gut miteinander vermengen. Die «Ritter» darin wenden, solange sie noch warm sind.

Kompott oder Vanillesauce schmecken gut dazu.

Vanillesauce

1. 500 ml Milch
   1 Vanilleschote
2. 3 Eigelb, verquirlen
   3 EL Zucker
3. 4 EL Milch
   1 TL Maisstärke (Mondamin, Maizena)

Die Milch mit der Vanilleschote aufkochen. Zutaten von 2. miteinander vermengen. Zutaten von 3. miteinander vermengen, zum Zucker-Ei-Gemisch geben. Die kochende Milch ebenfalls zufügen (nicht umgekehrt). Alles gut verrühren, zurück in den Kochtopf schütten, nochmals aufkochen. (Gut rühren!) In einer Schale erkalten lassen.

Rostige Ritter

Elsaß

Von Werner O. Feißt

Es ist meist ein bis zwei Wochen vor einem großen Fest, Weihnachten etwa oder Ostern, einem Familienfest, Geburtstag beispielsweise, da sagt meine Frau beiläufig beim Frühstück: «Wir brauchen Wein». Und das ist eine Aufforderung für mich, am darauffolgenden Samstag mein Auto mit Leergut voll zu laden und zu unserem Weinhändler ins Elsaß zu fahren. Wir kaufen seit langer Zeit den Wein bei ein und demselben Weinhändler in Sesenheim – ja genau – in jenem Sesenheim, in dem der Herr Goethe das Pfarrerstöchterlein poussierte.

Ich erinnere mich daran, wie die Anzahl der Weinflaschen, die ich nach Deutschland einführen konnte, noch beschränkt war, wie dann die Anzahl frei wurde, ich aber mit der Rechnung des Weinhändlers am Zoll tätig werden mußte und wie dann eines Tages der Zoll wegfiel, Europäische Wirtschaftsgemeinschaft zunächst und dann Europäische Union. Heute steht zwar noch das Zollhäuschen, aber es ist im Zerfall begriffen, die ersten Scheiben sind schon zerbrochen.

Wenn man bedenkt, daß sich an der Grenze am Rhein einmal Deutsche und Franzosen als Todfeinde gegenüberstanden, wer hätte jemals von dem heutigen Zustand träumen können.

Mit solchen Gedanken fahre ich über die Staustufe des Rheines ins Elsaß. Hinter dem zerfallenden Zollhäuschen steht ein weiteres kleines Häuschen. Es ist eine Wechselstube, Filiale einer Bank. Indem sich meine D-Mark in Francs

◀ *Weinort im Elsaß: Riquewihr. Türme und Mauern zeugen von mittelalterlicher Bedeutung, als elsässischer Wein in ganz Mitteleuropa getrunken wurde.*

Bilderbuchdorf im Elsaß: Urlaubsstimmung pur.

verwandeln, verdreifacht sich die Zahl. Irgendwann wird es in der EU ECUs geben, und auch die Wechselei, letzte Erinnerung an die Grenze, wird verschwinden.

Ich nehme mein Geld und fahre weiter, und ich habe plötzlich das Gefühl von Urlaub. Liegt es an der französischen Straße? Liegt es an den Straßenschildern? Ich weiß es nicht. Jedenfalls bin ich in der Fremde, ich bin in Frankreich, ich habe das Gefühl von Urlaub.

Von mir daheim bis hierher bin ich wenig mehr als 20 Minuten unterwegs. An der Entfernung kann es also nicht liegen.

Dieser Eindruck von Frankreich und von Urlaub und von Urlaub in Frankreich, der wird sich noch vermehren, wenn ich nach dem Weineinkauf eine Elsässer Fleischpastete kaufe und eine Baguette, ein französisches Weißbrot, das so unnachahmlich duftet und schmeckt, und auf alle Fälle noch einen Münsterkäse. Dann brauche ich, es ist ja immerhin schon gegen 11 Uhr morgens, unbedingt eine Tasse Kaffee, bitteren französischen Kaffee mit viel Milch, und ein Croissant zum Tunken. Da sitze ich dann in Beinheim, trinke meinen Kaffee und esse mein Croissant und träume mich in den Midi, nach Avignon, unter die Platanen des kleinen Platzes in der Stadtmitte, nach Arles, ans römische Amphitheater oder nach Cannes an den Fischerhafen, wo die alten Männer Boule spielen, oder nach Paris in ein Café im Quartier latin. Ja, es ist nicht zu leugnen, Elsaß ist unverwechselbar französisch. In solchen Details wie im Ganzen. Und ist doch eigentlich «das Land dazwischen.»

Das Land zwischen den Mühlsteinen Deutschland und Frankreich, und dabei hatte alles ganz friedlich begonnen. Die Enkel Karls des Großen teilten sein großes Reich unter sich auf. Ludwig der Deutsche und Karl der Kahle, Lothar war noch dabei. Er bekam das Mittel-

reich, Lothringen, natürlich, es trägt ja seinen Namen, und Burgund und die Provence, Belgien und die Niederlande. Das Erbe Ludwig des Deutschen war der Anfang von Deutschland, so wie Karl der Kahle aus seinem Westreich Frankreich erstehen ließ. Als Ludwig und Karl in Straßburg den Vertrag mit einem Eid besiegelten, taten sie es jeweils in der Sprache des anderen. Karl in mittelhochdeutsch, Ludwig in altfranzösisch. Die Weichen für alles Weitere waren gestellt. Das Elsaß aber gehörte ganz selbstverständlich zum Ostreich, war seit dem 6. Jahrhundert wohl schon ein Teil des Herzogtums Alemannien. Dann kam das Elsaß zum Herzogtum Schwaben, und mit den Staufern begann seine große Zeit. Hildegard von Egisheim wurde zur Stammutter der Stauferkaiser. Sie war die Großmutter Kaisers Friedrich I., genannt Barbarossa. (Ihr Gesicht ist auf wundersame Art auf uns gekommen. Sie ist wahrscheinlich an der Pest gestorben, und man hat ihren Leichnam aus Hygienegründen mit ungelöschtem Kalk bedeckt. In diesem aber blieb sozusagen ein Negativabdruck ihres Kopfes und ihres Gesichtes. Als man ihre Gruft Ende des 19. Jahrhunderts öffnete, kam diese Hohlform ans Tageslicht. Man hat sie mit Gips ausgegossen und erhielt so eine Portraitbüste einzigartiger Authentizität. Man kann diese Büste in Schlettstadt in der Kirche der heiligen Fides sehen.)

Mit dem Ende der Staufer begannen auch die Schwierigkeiten im Elsaß. An die Stelle einer straffen Verwaltung trat eine Fülle von kleinen, sich gegenseitig bekämpfenden Herrschaften. Die ganze Schwäche des deutschen Kaisertums wirkte sich aus.

Bald begannen sich einzelne nach Westen zu orientieren, dem starken Frankreich zu, das seinerseits einen Drang nach Osten verspürte. Dieser Prozeß zog sich über Jahrhunderte hin, und

1648, mit dem Westfälischen Frieden, hatte Frankreich sein Ziel erreicht: der Rhein als Ostgrenze, das Elsaß wurde Frankreich zugeschlagen.

Es ging dem Elsaß nicht schlecht unter französischer Herrschaft, weder unter den Königen noch während der Revolution noch nach der Revolution, im Kaiserreich. Das Elsaß behielt seine eigene Sprache, das Elsässisch, es profitierte vom wirtschaftlichen Aufschwung Frankreichs aus früher Industrialisierung und dem Ausbau von Straßen und Kanälen. Die Elsässer richteten sich als Franzosen ein. Als französische Elsässer sozusagen.

Mit dem Krieg von 1870 begannen die eigentlichen Schwierigkeiten für das Elsaß, die durch die beiden Weltkriege und den Nationalsozialismus noch forciert wurden. Das Hin und Her der Herrschenden und deren Unverständnis für die Eigenart der Elsässer.

Lassen wir die Geschichte. Eines jedenfalls ist klar, das Elsaß als «das Land dazwischen» kann eine Brückenfunktion zwischen Deutschland und Frankreich spielen, kann manchen Unterschied in deutscher und französischer Mentalität, der die Zusammenarbeit im neuen Europa erschwert, überbrücken und ausgleichen. Damit das Elsaß diese Funktion aber erfüllen kann, braucht es einen entsprechenden Freiraum.

Vielleicht haben die Schwierigkeiten, die das Elsaß bis in unsere Zeit hinein mit den jeweils Herrschenden hatte, auch etwas Gutes bewirkt: eine Besinnung auf die Eigenart. Das beginnt mit der Sprache. Aus der Abneigung gegen alle Hochsprachen, glatte, schnelldenkende, sich überlegenfühlende Spracharroganz findet der Elsässer in seinem Alemannisch, von dem man sagt, es sei kein Dialekt, sondern eine eigene Sprache, eine Zuflucht. Und so ist das Elsässisch so etwas wie ein Pan-

zer der Identität, durch die der Elsässer sein Wesen schützt. Das gibt ihm die Kraft, ja zu sagen zu seiner Eigenart. Zum Beispiel zu einer ländlichen einfachen Küche. Während anderswo die Regionalküche weitgehend von den Speisekarten der Restaurants verschwunden ist, ist es im Elsaß gerade die Regionalküche, die das Besondere ausmacht, z. B. Sauerkraut nach Elsässer Art «Choucroute garnie à l'alsacienne» (frisches Sauerkraut, frisch gesalzene Wädele, gesalzener Speck, Ripple, Blut- und Leberwurst, Straßburger Bauernbratwurst, dazu Salzkartoffeln) oder eine Matelote (verschiedene Fische wie Zander, Schleie, Aal, Barsch etc. in einer feinen Sauce aus Weißwein, Cognac und Rahm, dazu Nudeln und Salzkartoffeln) oder ein Straßburger Baeckeoffe (ein Eintopfgericht, das in einem irdenen, gut schließenden Geschirr zubereitet wird, und das schichtweise aus Kartoffeln, Zwiebeln, Ochsenfleisch, Hammelschulter, Schweinehals, Schweinsfüßen und -wädele besteht; das Fleisch hat man über Nacht in Weißwein eingelegt zusammen mit Knoblauch, Petersilie, Salz und Pfeffer, und das Ganze wird beim Bäcker für drei Stunden in den Backofen gestellt) oder Hecht in Rahmsauce oder Tourte à la colmarienne, eine wunderbare Fleischpastete, oder ganz einfach süßen oder salzigen Gugelhupf, der so wunderbar zu elsässischem Wein paßt, oder eine besondere Delikatesse: Münsterkäse. Und dann nicht zu vergessen «Escargots à l'alsacienne», Weinbergschnecken nach Elsässer Art.

Ich konnte noch lange weiterschwärmen von diesen Herrlichkeiten, die ich in Straßburg esse oder in Wissembourg, in Colmar und in Thann, in Illhäusern oder in Ammerschwihr. Aber da esse ich auch schon die Feinheiten der französischen Küche. Ist nicht das kleine Illhäusern von seiner kulinarischen Bedeutung her eine Hauptstadt Frankreichs?

Aber zurück zur Sprache. Auch das Elsässisch hat es nicht leicht. Wird es nicht alleweil vom Französisch bedroht, das der Elsässer beherrschen muß, denn wie will er sonst in seinem Frankreich bestehen? Andererseits: wie kann sich eine Sprache halten, bei den Jungen halten, die weder im Kindergarten noch in der Grundschule ihre Muttersprache, und das ist das Elsässisch, sprechen dürfen und wenn, dann nur stundenweise. Es kann einem angst sein um diese Sprache, und nicht umsonst hat Germain Muller, der unvergeßliche Elsässer Kabarettist, sein «Barabli» singen lassen:

Mir sin schiens d'Letschte, die Allerletschte
di noch so babbele wiene de
Schnabbel gewachse isch, nach uns isch ferti
mit dem Trafari, no wird endli im ganze Frank-
rich geparle-vous nume franzesch.

Vielleicht wäre es schon viel weiter mit dem Sterben dieser Sprache, die unserem badischen Alemannisch verwandt ist und natürlich auch dem Schweizerdeutschen, wenn es nicht in den 70er Jahren zwei Ereignisse gegeben hätte, die der Sprache einen neuen Anstoß gaben.

Das waren der Protest gegen den Bau einer Bleifabrik im elsäßischen Marckolsheim und der Protest gegen den Bau eines Atomkraftwerks im badischen Wyhl. Die Jugend des Elsaß und Badens war sich in diesem Protest einig. Dieser Protest fand in entsprechenden Liedern seinen Ausdruck. Plötzlich wurde Alemannisch zur Sprache des Protestes gegen die Herrschenden, die Hochdeutsch und Französisch sprachen. Indem sich die Jugend des Elsaß und Badens mit diesem Protest identifizierte, wurde es chic, Roger Siffer, René Egles, Roland Engel, Pierre Albrecht und Walter Moßmann zu hören, ihre Lieder zu singen und die Sprache ihrer Lieder zu sprechen, Elsässisch und badisches Alemannisch.

Aber dieser Anstoß ist vorbei. Die Liedermacher sind ein wenig aus der Mode gekommen. Mit dem Elsässisch steht es wieder schlecht. (Und mit unserem Badisch auch) Unseri Schproch het halt kei Lobby!!!

Ich stehe auf der Terrasse des Klosters St. Odilien und schaue hinunter auf das Elsaß, das vor diesem Höhenkloster weit ausgebreitet liegt. Ich sehe die malerischen Dörfer, die weiten Äcker, ahne den Rhein und die Stadt Straßburg und drüben den badischen Teil der Ebene und den Schwarzwald. Die Ebene ist eine Einheit, war es auch wohl in jeder Hinsicht, ehe der badische Tulla aus dem behäbigen Rheinfluß, der sich in unzähligen Armen gemächlich nach Norden schlängelte, der nach jedem Hochwasser sein Bett änderte, auf dem Segelschiffe flußaufwärts fuhren, kanalisierte, den modernen dynamischen Rheinstrom schuf, ihn damit unüberschreitbar machte, die Menschen auf die Brücken verwies, die man kontrollieren konnte.

Bauern hatten ihre Äcker auf der jeweils anderen Seite des Rheines, fuhren mit dem eigenen Nachen über den Fluß, um sie zu bearbeiten, ohne Problem.

Junge Männer fuhren über den Fluß, um die Liebste zu besuchen, die sie drüben bei der Kirchweih kennengelernt hatten. Man heiratete über den Fluß, herüber und hinüber.

Das 19. Jahrhundert mit seinen Nationalstaaten brauchte Grenzen, präzise kontrollierbare Grenzen, so wie ein kanalisierter Fluß sie bietet. Da ist kein Platz für individuellen Verkehr!

Hinter mir die riesige Statue der heiligen Odilie, hält segnend ihre Hand über ihr Elsaß.

Das Elsaß liegt da wie ein Garten, in dem alles gedeiht: Der Weizen und das Gemüse, das Obst und der Wein.

Hundert Kilometer lang und zwei Kilometer breit ist die elsässische Zone des Weinbaus, die sich am Fuße der Vogesen entlang zieht. Insgesamt 36 000 Winzer in hundertzwanzig Weinorten produzieren pro Jahr 750 000 hl Wein.

Die bekanntesten Weinorte sind Marlenheim, Obernai, Ottrott, Heiligenstein, Barr, Schlettstadt, Bergheim, Ribeauvillé, Riquewihr, Kaisersberg, Ammerschwihr, Turckheim, Colmar, Winzenheim, Gueberschwihr, Guebwiller, Thann.

Die Hauptstadt des elsässischen Weines ist Colmar, die Stadt mit den niedrigsten Jahresniederschlagsmengen in Europa.

Im Windschatten der Vogesen gedeiht der Wein in einem warmen, sonnenreichen Kontinentalklima. Lange, milde Herbsttemperaturen lassen den elsässischen Qualitätswein zu seiner Fruchtigkeit und seinem feinen Bukett reifen.

Im Mittelalter war der elsässische Wein in ganz Europa bekannt. Als nach der Französischen Revolution die großen Weingüter zerschlagen und ihre Rebberge vielen kleinen Bauern gegeben wurden, mußten diese auf Quantität statt auf Qualität setzen. Die Konkurrenz hervorragender französischer Weine tat ein übriges. Der elsässische Wein kam in den Ruf, schlecht zu sein. Erst in unserem Jahrhundert gelang es wieder, den elsässischen Wein, der etwa 1 % allen französischen Weines ausmacht, zur Qualität zurückzuführen.

Elsässische Weine haben einen durchschnittlichen Alkoholgehalt von 8,5 bis 13 %. Sie sind trocken, feinherb, kräftig, reintönig und würzig. Die wichtigsten Sorten sind Silvaner, Pinot blanc (Weißer Burgunder), Tokay d'Alsace (Pinot Gris, Ruländer, Grauer Burgunder), Muscat d'Alsace (trockene, mittelherbe Weine), Riesling, Traminer, Gewürztraminer.

Eine Spezialität des Elsaß ist der sogenannte Edelzwicker, ein Verschnitt elsässischer Qualitätsweine aus verschiedenen Rebsorten.

Was red' ich lang! Kommen Sie mit, wenn der Herbst die Rebberge golden färbt und die elsässischen Winzer ihren Wein einbringen. Dann riecht es in den Dörfern am Gebirgsrand säuerlich süß nach neuem Wein. Und aus den Küchen mischt sich der Duft von Ziebelewajhe, von Zwiebelkuchen, darunter. Den gibt es dann zu essen, zum neuen Wein! Das ist das Elsaß, wo die Menschen noch zu leben verstehen. Französisch: Savoir vivre!

Pilzküchlein

1. 400 g frische Pilze (Wald- oder Zuchtpilze), blätterig schneiden
   1 TL Salz
2. 4 Scheiben Weißbrot, Rinde entfernen, in Würfel schneiden
   4 EL Milch
3. 1 EL Butter
4. 2 Eier
   3 EL Greyerzerkäse, gerieben
   Pfeffer, Salz
5. 2 EL Butterfett (eingesottene Butter)
   3 EL Paniermehl

Die Pilze mit dem Salz bestreuen, gut vermengen. 10 Minuten stehen lassen. Es bildet sich Wasser. Die Pilze gut ausdrücken.
Das Brot mit der Milch beträufeln. Einige Minuten stehen lassen. Ausdrücken.
Die Butter erhitzen. Die Pilze darin dünsten, dann die Brotmasse dazugeben. Dünsten, bis alle Flüssigkeit verdampft ist. Abkühlen.
Eier und Käse daruntermengen, würzen. Mit nassen Händen eßlöffelgroße Küchlein formen. Das Butterfett erhitzen. Die Küchlein im Paniermehl wenden, flachdrücken, knusprig braun braten.
Tomatensauce und grüner Salat dazu servieren.

Pilzküchlein mit Tomatensauce

Bärlauchsuppe

1.   1 l *Gemüse- oder Fleischbrühe*
2.   500 g *Kartoffeln, in Würfel schneiden*
       1 *Karotte, in Rädchen schneiden*
       ½ *Lauchstange, in Streifen schneiden*
       ¼ *Sellerieknolle, in Scheiben schneiden*
3. 125 ml *Rahm*
       2 *Handvoll frische Bärlauchblätter, fein hacken*

Die Brühe aufkochen. Die Zutaten von 2. beigeben. ½ Std. köcheln lassen. Durch ein Sieb streichen oder mit dem Mixstab pürieren. Nochmals aufkochen.

Zutaten von 3. miteinander vermengen. Zur Suppe geben. Nicht mehr erhitzen (der Bärlauch verliert sonst die schöne Farbe und einen Teil des Geschmacks).

Im vorgewärmten Teller sofort servieren.

Bärlauchsuppe

Hahn im Riesling

1. 1 Poularde von ca. 2 kg,
   besser: 1 Hahn vom Bauernhof
   Salz, Pfeffer
2. *2 EL Butterfett (eingesottene Butter)*
3. *1 EL Butterfett (eingesottene Butter)*
   2 Zwiebeln, fein hacken
   1 EL Milch
   750 ml Riesling
4. *1 EL Butter*
   250 g frische Waldpilze oder Champignons, blättrig schneiden
5. *200 ml Rahm*
   Salz

Die Poularde in 8 Teile schneiden (Flügel beim Achselgelenk, Beine beim Hüftgelenk abtrennen. Den Rest dem Rückgrat und dem Brustbein entlang zertrennen, dann einmal quer durchschneiden). Die Stücke würzen. Das Butterfett (2.) heiß werden lassen, das Fleisch darin hellbraun anbraten. Die zweite Portion Butterfett (3.) heiß werden lassen, die Zwiebeln darin glasig dünsten. Fleischstücke beigeben, mit dem Mehl bestäuben. Einige Male im Fett drehen. Mit dem Wein ablöschen. Zugedeckt 40 Minuten köcheln.

Die Butter schmelzen. Die Pilze darin wenden. Zugedeckt 5 Minuten dämpfen. Salzen.

Die gegarten Fleischstücke aus der Sauce nehmen. Warm stellen. Die Champignons über der Sauce abseihen. Warm stellen. Die Sauce auf die Hälfte einkochen lassen. Evtl. nachwürzen. Fleisch und Pilze auf einer vorgewärmten Platte anrichten, die Sauce darübergießen.

Hahn im Riesling ▶

Sauerkraut garniert

Sauerkraut garniert

1. 1 gepökelte Schweinshaxe (Eisbein)
   1 gepökelte und geräucherte Schweineschulter (Schiffala = Schäufele = Schüfeli)
   500 g gepökelter Speck
   500 g geräucherter Bauchspeck
2. 2 kg Sauerkraut, frisch
   100 g Gänseschmalz
   2 Zwiebeln, in Scheiben schneiden
3. 1 EL Wacholderbeeren
   1 Knoblauchzehe gepreßt
   1 TL Thymian, getrocknet
   1 Lorbeerblatt
   1 TL Korianderkörner
   1 TL schwarze Pfefferkörner
   1 Gewürznelke
4. 500 ml trockener Weißwein
   1 TL Salz
5. 6 geräucherte Schweinswürstchen

Das gepökelte Fleisch über Nacht wässern. Das Fleisch knapp mit kaltem Wasser bedeckt ¾ Std. köcheln lassen. Das Sauerkraut im fließenden Wasser abspülen, gut abtropfen.

In einem genügend großen Gußeisentopf (mit Deckel) das Gänseschmalz schmelzen. Die Zwiebelscheiben darin glasig dünsten. Sauerkraut, Knoblauch und Wacholderbeeren beigeben. Die Gewürze von 3. in einen Teefilter füllen, zubinden, zum Sauerkraut legen. Den Weißwein zufügen. Den Topf zudecken. Im auf 180°C vorgeheizten Ofen ¾ Std. garen. Dann die Fleischstücke darauflegen und evtl. etwas Fleischbrühe nachgießen. Weitere 30–40 Min. zugedeckt im Backofen belassen. Unterdessen die Würstchen im Fleischsud ziehen lassen.

Das Sauerkraut auf einer vorgewärmten Platte anrichten. Das Fleisch in Portionenstücken und die Würstchen darüberlegen. Schalenkartoffeln dazu servieren.

Kirschenkuchen

1. 3 Brötchen, in feine Scheiben schneiden
   100 ml Milch
2. 3 EL Butter, zimmerwarm
   3 EL Zucker
   4 Eigelb
3. 3 EL Mandeln, gemahlen
   ½ TL Zimtpulver
   evtl.
   1–3 EL Kirschwasser
   1 kg schwarze Kirschen (Kracher)
4. 8 Eiweiß
   1 Prise Salz
5. 1 EL Butter
6. 3 EL Mandeln, fein mahlen

Die Milch aufkochen, über die Brotscheiben geben. 1 Std. stehen lassen.
Die Zutaten von 2. schaumig rühren, Zutaten von 3. zufügen. Backofen auf 150° C vorheizen. Eiweiß und Salz ganz steif schlagen. Eine Springform gut ausbuttern. Das Eiweiß unter den Teig heben, diesen in die Form einfüllen. Die Mandeln darüberstreuen. ¾ Std. backen. Mit einer Stricknadel Garprobe machen. Falls noch Teig an der Nadel klebt, 5–10 Minuten länger backen.

Kirschenkuchen

Flammenkuchen

Flammenkuchen

1. 400 g Brotteig (Rezept siehe Seite 87)
2. 150 g Rahm
   150 g Rahmquark
   2 EL Sonnenblumenöl
   Salz, Pfeffer
3. 200 g Rauchspeck, in feine Streifen schneiden
   2 Zwiebeln, in Ringe schneiden

Backofen auf 250° C vorheizen.
Brotteig so dünn wie möglich ausrollen. Je dünner, desto besser. Die Zutaten von 2. miteinander vermengen. Auf dem Teig verstreichen. Zutaten von 3. darüberstreuen. Sofort in den Ofen schieben. ¼ Std. backen. In handliche Stücke schneiden. Diese zusammenklappen oder aufrollen. Sofort servieren.

Schwarzwald

Von Werner O. Feißt

Seit vierhundert Jahren trotzen sie dem Wetter und der Zeit, sind ihren Bewohnern Zuflucht und Heimat: der Rommeleshof und der Neubauernhof im Kinzigtal.

Es ist natürlich klar, für den Schwarzwälder ist der Schwarzwald die schönste und liebenswerteste Landschaft überhaupt, und es fällt ihm gehörig schwer, vom Schwarzwald objektiv zu reden. Natürlich gibt es auch nirgendwo so gut zu essen, nirgendwo sind die Menschen so freundlich und nett wie im Schwarzwald und nirgendwo scheint die Sonne so warm. Letzteres stimmt zwar nicht ganz, denn der Kaiserstuhl ist ja nur ein Vorberg des Schwarzwaldes, aber immerhin der wärmste Ort Deutschlands. Nur 70 km davon entfernt, aber halt 1000 Meter höher, droben auf der Baar, auf der Abflachung des Schwarzwaldes nach Osten hin, liegt der deutsche Kältepol, der Ort mit der niedrigsten Durchschnittstemperatur in ganz Deutschland, und zwischen diesen beiden Extremen befindet sich der Schwarzwald.

Er muß schon eine grausige Gegend gewesen sein, zumindest muß er den Römern so vorgekommen sein, denn was so griechische (auch der große Aristoteles hat vom Schwarzwald gewußt) und römische Schriftsteller über den Schwarzwald schrieben, tönt schrecklich. Nur die Bewohner des Schwarzwaldes kommen gut weg, zumindest einer der römischen Autoren bezeichnet sie als ehrliche Kerle, die zu ihrem Wort stehen. Eine Tugend, die damals scheints nicht weit verbreitet war.

Wenn man im Schwarzwald wohnt, dann liegt natürlich nichts näher, als sich am Wochenende im Schwarzwald zu ergehen. Weit sind die Wanderwege, die der Schwarzwaldverein angelegt hat, und wunderschön. 30 Jahre meines Lebens habe ich im südlichen Schwarzwald verbracht, die anderen 30 im nördlichen, und da sind mir die Unterschiede der beiden Gebirgsteile aufgefallen: so richtig schwarz – wie man sich das beim Wort Schwarzwald vorstellt – ist eigentlich nur der Nordschwarzwald. Da gibt es die endlosen Tannenwälder, wo im Dickicht die Nacht wohnt, dunkel und unheimlich. Im südlichen Schwarzwald – so scheint mir – ist der Wald bedeutend freundlicher. Das hängt nicht zuletzt damit zusammen, daß es da und dort noch Mischwald gibt, Mischwald, der früher einmal das Gebirge bedeckt hat. Der Wald im nördlichen Schwarzwald, der war zu Beginn des 19. Jahrhunderts fast ganz verschwunden. Noch immer erinnern – auch im südlichen Schwarzwald – gewisse Ortsnamen an die Glashütten des Mittelalters. Und so eine Glashütte, die hatte einen ungeheuren Bedarf an Holz, und zwar mußte sehr viel Holz zu Holzkohle verarbeitet werden, Holzkohle, die die hohen Temperaturen brachte, die zur Glasschmelze erforderlich sind. Außerdem mußte aus Holzasche ein Stoff gewonnen werden, namens Pottasche, den man bei der Glasherstellung brauchte, und auch dafür war viel Holz notwendig, das verbrannt wurde, um aus der Asche eben die Pottasche mit Hilfe von Wasser herauszulösen, das Wasser zu verdampfen und so Pottasche zu gewinnen.

Für die Herstellung eines Kilo Glas waren mehrere Kubikmeter Holz erforderlich. Diesen ungeheuren Holzhunger der Glasfabriken konnte man nur befriedigen, indem man so eine Glashütte mitten in einem Waldgebiet errichtete. Wenn dann rund herum alles Holz geschlagen war und sich auch der Transport mit Fuhrwerken nicht mehr lohnte, verlegte man die Hütte einfach in ein anderes Gebiet mit unberührtem

Holzbestand. Auf diese Weise war Anfang des 19. Jahrhunderts der nördliche Schwarzwald über weite Strecken abgeholzt. Dann haben die Forstleute in einer riesigen Pflanzaktion wieder aufgeforstet, und damit es schnell ging, haben sie die rasch wachsenden Tannen zu riesigen Monokulturen gepflanzt, womit die heutigen Schwarzwald-Wälder ihren Anfang nahmen. Manche sagen, das heutige Waldsterben habe in dieser Einseitigkeit auch einen Grund.

Wenn ich im nördlichen Schwarzwald wandere, dann habe ich meine Schwierigkeiten, Aussichtspunkte zu finden. Der Schwarzwaldverein hat zwar durch den Bau von Türmen diesem Notstand Abhilfe geschaffen, aber wenn ich den Nordschwarzwald mit dem Südschwarzwald vergleiche: dort kann ich über die baumlosen grasbewachsenen Berge wandern, wobei ich ständig den Blick in die Ferne habe. Das gilt ebenso vom Schauinsland wie vom Belchen wie vom Feldberg wie zwischen den Höhen von Breitnau und St. Märgen.

Im nördlichen Schwarzwald ist alles ein wenig eng. Selbst das Einkehren hat seine Schwierigkeit, wenn ich nicht die Schwarzwaldhochstraße mit ihren Restaurants und Hotels ansteuere. Dörfer und damit Gasthäuser gibt es im nördlichen Schwarzwald eben nur in den Tälern, während auf den Hochflächen des südlichen Schwarzwaldes das Versorgungsproblem leicht zu lösen ist durch die Einkehrmöglichkeiten freundlicher Dörfer.

Daß im südlichen Schwarzwald die Menschen, die einen weiten Blick haben und einen freien Horizont, anders veranlagt sind als im nördlichen Schwarzwald, wo sie in engen Tälern wohnen, ist klar. Im südlichen Schwarzwald sind die Höfe auch eher reich oder waren das, weil sie genügend groß sind, während im nördlichen Schwarzwald die Waldwirtschaft eben nicht so viel Einnahmen bringt.

Der große Einschnitt zwischen dem nördlichen und dem südlichen Schwarzwald ist das Kinzigtal, so etwas wie das Herz des Schwarzwaldes mit seinen behäbigen Einzelhöfen, seinen Dörfern und seinen wunderschönen alten Städtlein. Heinrich Hansjakob, unser großer Schwarzwälder Erzähler, war hier daheim, und in seinen Erzählungen und Romanen lebt der alte Schwarzwald und das Brauchtum seiner Bewohner bis heute fort. Was für ein Vergnügen ist es, z.B. seine bekannteste Erzählung, den «Vogt auf Mühlstein» in die Hand zu nehmen und der Geschichte, die rund um Zell und Nordrach erzählt wird, nachzugehen. Da findet sich noch heute der Mühlsteinhof, wo die Magdalen daheim war, da ist in Nordrach der Hof des Öhler Jocken, wo der Hans daheim war, mit dem die Magdalen sang und den sie liebte, da steht noch der Hof des Ulrich Faißt, der als Witwer um die Magdalen warb und den sie in Zell am Harmersbach heiraten mußte, dem sie nie Frau sein konnte und darum von Ehemann und Vater seelisch zu Tode gequält wurde. Auf dem Friedhof von Zell am Harmersbach ist noch heute ihr Grab, an das der Hans als österreichischer Soldat noch einmal kam, ehe er bei Weißenburg fiel.

Im Kinzigtal oder genauer an seinem östlichen Ende, im Gutachtal, liegt der Vogtsbauernhof, das Freilichtmuseum des Schwarzwaldes. Ursprünglich stand hier ein einziger Hof, nämlich eben der Vogtsbauernhof aus dem 16. Jahrhundert. Der sollte abgebrochen werden. Dem Bauernhausforscher Hermann Schilli kam die Idee, den Hof zu erhalten und andere abbruchbedrohte Häuser des Schwarzwaldes an diesem Ort zu versammeln. Durch die Unterstützung des Landes Baden-Württemberg konnte ab 1964 das Freilichtmuseum aufgebaut werden, das heute eine Reihe von Bauernhaustypen und den dazugehörigen Gebäuden umfaßt.

Natürlich zieht es mich immer wieder zum Schauinslandhaus. Zu einem Haustyp, den es rund um den Schauinsland gibt. In einem solchen Haus ist meine Mutter aufgewachsen.

In der Anlage dieses Hauses konzentriert sich die Erfahrung von Jahrhunderten bei der Auseinandersetzung mit dem Winter, mit Schnee und Kälte. Das Haus ist an den Hang gebaut, und wie bei allen Schwarzwaldhäusern gibt es vom Hang her eine direkte Einfahrt für die Heuwagen auf den Heuspeicher, der den ganzen Raum unter dem Dach umfaßt. Das Dach ist an der Bergseite überhaupt bis auf den Erdboden heruntergezogen. Zwischen dem Haus und dem Hang, der mit einer Mauer abgestützt ist, gibt es so einen überdachten Raum, in dem sich der Brunnen befindet für Mensch und Tier und eine Reihe von Arbeitsmitteln wie z. B. der Schneidesel für die Herstellung von Schindeln. Man tritt an der Schmalseite des Hauses ein, von einem kleinen Vorraum geht es links in die Küche, mit einem offenen Herd, über dem Würste und Schinken geräuchert werden. Außerdem kann von der Küche aus auch der Kachelofen in der Stube geheizt werden. Man kann den Kachelofen von der Küche aus aber auch als Backofen verwenden. Vom Vorraum aus geht es rechts in die Stube. Dort befindet sich an der inneren Ecke der Kachelofen, der zur «Kunst» ausgebaut ist, d. h. er hat zwei geheizte Bänke. Ich erinnere mich an einen Vetter, der oft Zahnweh hatte und ebenso oft deswegen auf der Kunst lag. Über der Kunst ist ein Gestell, an dem man Wäsche zum Trocknen aufhängen kann, auch die nassen Strümpfe, die man im Freien bekommen hat. An der äußeren Ecke der Stube ist der Herrgottswinkel und darunter der Tisch mit dem Eßbesteck, das im allgemeinen nicht gewaschen wurde. Der Kunst gegenüber steht ein Büfett mit Geschirr und Gläsern. Rund um die Stube läuft an der Wand

entlang eine Bank, die den Aufenthalt von vielen Besuchern ermöglicht. Dies war im Hinblick auf die kinderreichen Familien ebenso notwendig wie im Hinblick auf Familienfeste oder aber den Brauch des z'Lichtgehens, bei dem aus Gründen ebenso der Sparsamkeit wie der Geselligkeit sich die Frauen und Mädchen mehrerer Höfe in einem trafen, um am Abend zu spinnen.

Zwischen Büfett und Kunst führt eine Tür in die Kammer, das Schlafzimmer des Bauern und der Bäuerin. Eine Wand des Kachelofens ragt in die Kammer hinein und heizt diese. Auf der anderen Seite der Kammer führt eine Tür in den Kuhstall, so daß der Bauer in der Nacht jederzeit die Möglichkeit hat, im Stall nach dem Rechten zu sehen. Außerdem gibt der Stall zusätzliche Wärme ab. Ich erinnere mich, daß meine Mutter nach dem Besuch von bestimmten Vettern stets unsere Wohnung ganz und gar lüftete, weil diese den entsprechenden Duft nach Kuhstall mitbrachten.

Auf der anderen Seite der Kammer führt eine Tür in die Werkstatt des Bauern, in der er seiner winterlichen Nebenbeschäftigung nachgeht, dem Schnefeln, der Herstellung von Kochlöffeln, von hölzernen Tellern, von Spanschachteln usw. Sie werden verkauft und bringen Bargeld ins Haus.

In diesem Raum hatte auch der Uhrmacher seine Werkstatt, wenn der Bauer als Heimarbeit z. B. Zahnräder für eine Uhrenfabrik herstellte oder ganze Schwarzwalduhren baute. Es ist kein Zufall, daß sich gerade die Schwarzwälder mit dem Uhrenbau beschäftigten, gehört doch das Tüfteln, die ideenreiche Herstellung von Dingen, zu ihren besonderen Eigenarten und wohl auch das Nachdenken über Zeit und Ewigkeit. Man schätzt übrigens, daß die Schwarzwälder Uhrenindustrie, die weitgehend Heimarbeit war, bis zur Mitte des 19. Jahrhunderts rund 15

Schwarzwald: dunkle Tannen, ein Hochmoor, das schwarze Wasser eines kleinen Sees: der Herrenwieser See im Nordschwarzwald.

Millionen Schwarzwälder Uhren hergestellt hat. Schwarzwälder Uhrenverkäufer, die wie die Glaswarenhändler vom Wald nach ganz Europa zogen, brachten Uhren u. a. nach England, wo sie englischen Fabrikarbeitern des Frühkapitalismus die Möglichkeit gaben, pünktlich zur Arbeit zu erscheinen. Schwarzwälder Uhren wurden aber ebenso bis nach Rußland und in die Türkei gebracht, zu Fuß, auf dem Rücken.

Auch die Bäuerin mußte ihren Teil zum Gelderwerb beitragen. Ihr oblag es, Strohschuhe zu flechten und sie zusammen mit Eiern, Käse und Butter auf dem Markt zu verkaufen.

Zurück in unseren Schauinslandhof. Sowohl die Küche als auch die Werkstatt und der Kuhstall haben jeweils einen Ausgang in den überdachten Gang zwischen Haus und Berg. So wurden z. B. die Kühe hier getränkt, aber auch die Bäuerin hatte die Möglichkeit, sich gespaltenes Holz für den Herd zu holen oder Wellen zum Verbrennen im Kachelofen. Mit einem Wort, es war nicht notwendig, bei hohem Schnee oder schlechtem Wetter das Haus für irgendeine Tätigkeit zu verlassen. Alles war unter einem Dach.

Vom kleinen Vorraum, vor Stube und Küche, führt auch eine Treppe hinauf in den Oberstock, wo die Kammern der Kinder und der Knechte und Mägde sind. Hier gibt es auch eine Vorratskammer für Mehl, Zucker u. ä.

Der Hof ist auch, was das Essen betrifft, unabhängig. Es gibt Kartoffeln, die müssen allerdings aus dem Keller geholt werden, es gibt Roggenmehl für Schupfnudeln, es gibt Weizenmehl für Brot, Kuchen und Nudeln, es gibt Speck und Würste für das Vesper, es gibt Schäufele und Schinken für den Festtag, es gibt Sauerkraut, das mit Speck zusammen zubereitet wird und es gibt Gelbe Rüben, die mit Kartoffeln und Speck zu einem schmackhaften Eintopf gekocht werden, es gibt Saure Boh-

nen, die wie Sauerkraut eingemacht werden, und Saure Rüben, ebenfalls durch Milchsäuregärung haltbar gemacht. Nicht zu vergessen gibt es Käse, Milch und Butter, Most für den Durst und Wein, Kirschwasser, Zwetschgenwasser und Ziebärtle für den Besuch und natürlich eine Linzertorte, die man lange aufheben kann. Das alles natürlich im Winter. Im Sommer kommt frisches Gemüse, Salat und wohl auch dann und wann frisches Fleisch dazu.

Es ist eigenartig, aber wenn man z. B. die Karte des Guide Michelin betrachtet, so zeigt sich eine gewisse Häufung von guten und besonders guten Restaurants im Gebiet des Schwarzwalds. Das ist kein Zufall, denn der Schwarzwald ist seit langer Zeit das beliebteste deutsche Feriengebiet. In die internationalen Bäder Baden-Baden und Badenweiler kamen und kommen anspruchsvollste Gäste aus der ganzen Welt, die einen Bedarf für die große Küche schufen und schaffen. Ein typisches Beispiel dafür ist die Schwarzwälder Kirschtorte, die mit dem Schwarzwald nichts zu tun hat. Aber wegen der Nachfrage nach etwas typisch Schwarzwälderischem hat ein Schwarzwälder Konditormeister diese ganz und gar unschwarzwälderische Torte erfunden. Nun mag einer fragen, warum sie unschwarzwälderisch ist. Ganz einfach. Sie ist zu üppig, so viel Sahne würde ein Schwarzwälder niemals für einen Kuchen verwenden. Seine Festtagstorte ist die Linzertorte. Sie besteht aus Mehl, Butter, gemahlenen Nüssen, gemahlenen Mandeln, Zucker, gewissen Gewürzen und Kirschwasser. Obendrauf hat sie einen Aufstrich von Himbeer- oder Preiselbeermarmelade, alles Zutaten, die sich auch im Winter in der Vorratskammer des Schwarzwälders finden. Linzertorte gibt es im Schwarzwald zu jedem Fest, Weihnachten, Ostern, Hochzeit, Kindstaufe, Erstkommunion, Beerdigung. In einem reichen Hof macht die Bäuerin für den Sonntag wohl auch einen Hefezopf.

Typische Schwarzwälder Speisen sind Markklößchensuppe, gekochtes Rindfleisch mit Bouillonkartoffeln und Meerrettichsoße, dazu gehört unbedingt auch süßsaurer Kürbis oder süßsaure Zwetschgen, Rote-Beete-Salat oder Schäufele und Kartoffelsalat oder Sauerbraten mit Nudeln oder Schweinebraten, Kartoffelbrei und grüne Bohnen oder Gefüllte Kalbsbrust oder Eingemachtes Kalbfleisch oder Saures Leberle mit Bratkartoffeln oder Rehrücken Baden-Baden, oder, oder, oder ... welche Herrlichkeiten!

Wenn man vom Schwarzwald redet, dann muß man fairerweise auch wenigstens einen Blick auf seine Vorberge werfen, und da wird es hoch interessant, denn die Vorberge des Schwarzwalds sind mit Löß bedeckt. Auf diesem fruchtbaren Boden gedeiht Gemüse, gedeiht Obst, gedeiht vor allem Wein.

Badischer Wein ist ausgezeichnet durch geschmacklich ungemein hohe Verschiedenheit, bedingt durch Klima, Böden, Lagen und Rebsorten. Diese Rebsorten sind in der Reihenfolge ihres Anteils an der gesamten Weinproduktion Badens:

Müller-Thurgau, Blauer Spätburgunder, Grauer Burgunder (Ruländer), Gutedel, Riesling, Silvaner, Weißer Burgunder. Die wichtigsten Anbaugebiete sind Markgräflerland, Kaiserstuhl-Tuniberg, Breisgau und Ortenau.

Etwas Besonderes unter den alkoholischen Getränken ist das Schwarzwälder Kirschwasser. Es muß, was die Kirschen betrifft, ganz bestimmte Bedingungen erfüllen, damit es die Bezeichnung «Schwarzwälder» tragen darf. Ursprünglich wurde dieses Lebenswasser aus den winzigen Kirschen der wilden Kirschbäume hergestellt, die im Schwarzwald im Frühling so apart ihre weiße Pracht zwischen dunklen Tannen entfalten. Die Ernte dieser Kirschen ist außerordentlich arbeitsintensiv. Wenn ein Bauer schon sich die Mühe macht, wilde Kirschen zu brennen, dann behält er meist den Schnaps für sich selbst. Und wenn solcher Schnaps auf den Markt kommt, dann ist er entsprechend teuer.

Eine weitere Spezialität des Schwarzwaldes ist das Ziebärtle. Ziebärtle wird aus einer wilden Pflaumensorte, die ebenfalls im Schwarzwald gedeiht, hergestellt.

Lassen Sie mich noch etwas zum Schluß empfehlen. Es gibt eine Schwarzwald-Quer-Wanderung. Sie beginnt in Pforzheim und führt nach Basel. Sie ist als Weg auf der ganzen Strecke ausgezeichnet. Dazwischen gibt es Gelegenheit zu vespern, zu essen, zu trinken und alle Herrlichkeiten des Schwarzwaldes zu probieren. Und da man sieben Tage wandert, braucht man keine Angst zu haben, daß sich diese Herrlichkeiten auf die Hüften setzen. Also, wie wär's?

Schwarzwäldersuppe

Schwarzwälder Kirschbecher

Schwarzwäldersuppe

1. 1 EL Sonnenblumenöl
   100 g Bauchspeck, würfeln
   1 Zwiebel, fein hacken
   2 Knoblauchzehen, pressen
   1 Bund Petersilie, fein hacken
2. 1 l Fleischbrühe
3. 4–5 Kartoffeln, würfeln
   1 Prise Korianderpulver
4. 3 Scheiben altbackenes Vollkornbrot,
   würflig schneiden
   1 frische Leberwurst
5. 2 EL Petersilie, fein hacken

Das Öl heiß werden lassen, den Speck darin glasig braten, Zwiebel, Knoblauch und Petersilie beigeben, einige Minuten mitdünsten. Mit der Fleischbrühe ablöschen. Kartoffeln und Koriander beigeben. ½ Std. köcheln. Die Zutaten von 4. beigeben. 3 Minuten köcheln. Mit der Petersilie bestreut servieren.

Kartoffelsalat

Sauce:
1. 3 EL Sonnenblumenöl
   2 EL Weißweinessig
   ½ Zwiebel, fein hacken
2. 1 kg Schalenkartoffeln vom Typ C
   (festkochend), frisch gekocht, in feine
   Scheiben schneiden
3. 50 g geräucherter Schwarzwaldspeck,
   würflig schneiden
4. 100 ml Schäufelebrühe

Die Zutaten von 1. miteinander vermengen. Die Kartoffelscheiben (wenn möglich noch warm) zufügen.
Den Speck knusprig braten, beigeben. Alles gut miteinander vermengen. Vor dem Servieren die heiße Schäufelebrühe darüber gießen.

Kirschcrème

1. 1 EL Speisestärke (Mondamin, Maizena)
   3 EL herber Rotwein
   500 g schwarze Kirschen oder
   Sauerkirschen
2. 250 ml herber Rotwein
   1 EL Zucker
3. 300 ml Milch
   3 EL Zucker
   1 Vanilleschote, der Länge nach
   aufschlitzen
4. 4 Eigelb, verrühren
   1 TL Speisestärke (Mondamin, Maizena)
5. 4 Blatt weiße Gelatine
6. 100 ml Schwarzwälder Kirschwasser
7. 500 ml Rahm
8. 2 EL Schokoladeraspeln

Die Speisestärke mit dem Rotwein von 1. verrühren.
Die Kirschen mit den restlichen Zutaten von 2. aufkochen. Die angerührte Speisestärke zufügen. 1 Minuten köcheln, abkühlen lassen.
Die Zutaten von 3. aufkochen. Die Vanilleschote gut auskratzen, entfernen. Die Zutaten von 4. miteinander vermengen. Die heiße Vanillemilch dazugießen. Alles wieder in den Kochtopf geben.
Nochmals aufkochen, dabei ständig rühren.
Die Gelatine in kaltes Wasser legen bis sie weich ist (einige Minuten). Mit der Vanillecreme vermengen. Kaltstellen. Vor dem Servieren das Kirschwasser dazurühren. Die Kirschen in Dessertgläser verteilen. Den Rahm steif schlagen, unter die Vanillesauce heben, über die Kirschen verteilen. Mit den Schokoladeraspeln bestreuen.

Rostbraten

1. *100 g geräucherter Schwarzwaldspeck,*
   würfeln
   4 Zwiebeln, fein hacken
2. *2 EL Butterfett (eingesottene Butter)*
   4 Rumpsteaks zu 180–200 g
   3 TL Paprikapulver süß (Rosenpaprika)
3. *250 ml Fleischbrühe*
4. *½ TL Mehl*
   125 ml Sauerrahm
   Salz

Den Speck in einer gußeisernen Kasserolle auslassen. Die Zwiebeln im ausgelaufenen Fett braten, bis sie goldbraun sind. In einer Bratpfanne
das Butterfett heiß werden lassen. Das Fleisch
darin scharf anbraten.
Die Kasserolle vom Feuer nehmen. Das Paprikapulver zu den gebratenen Zwiebeln geben. Gut
vermengen. Die Fleischbrühe darauf legen. Die
Fleischbrühe zufügen. Zugedeckt während 1 ½
Std. köcheln.
Die Fleischstücke auf eine gut angewärmte Platte legen. Das Mehl in den Sauerrahm rühren.
Diesen zur Sauce geben. Gut vermengen und
nochmals 2 Minuten köcheln lassen. Die Sauce
über das Fleisch geben.
Dazu gehören Spätzle.

Schäufele im Brotteig

Teig:
1. *500 g Mehl (in Deutschland Typ 1050, in*
   der Schweiz Ruchmehl)
   ½ Hefewürfel
   50 ml Wasser
2. *1 TL Salz*
   225 ml Wasser

Sud:
1. *2 l Wasser*
   1 Zwiebel, gespickt mit
   1 Lorbeerblatt und
   1 Nelke
   5 Wacholderbeeren
4. *1 Schäufele (ca. 1,5 kg)*

Das Mehl in eine Schüssel sieben. In der Mitte
eine Vertiefung machen. Die Hefe im Wasser
auflösen, in die Vertiefung schütten, etwas Mehl
unterrühren. ¼ Std. stehen lassen. Die Hefe muß
Blasen werfen. Das Salz dem Teigrand entlang
streuen. Das Wasser von 2. nach und nach unter-
mengen. Den Teig gut durchkneten, zu einer
Kugel formen. Mit einem feuchten Tuch
bedeckt an einem warmen, zugfreien Ort 2 Std.
stehen lassen.
Das Wasser mit den restlichen Zutaten von 3.
aufkochen. Das Fleisch beigeben. Zugedeckt ½
Std. köcheln. Aus dem Sud nehmen. Abtropfen
und erkalten lassen.
Den Teig auf einer leicht bemehlten Arbeitsflä-
che so groß auswallen, daß das Schäufele darin
locker eingewickelt werden kann. Den Backofen auf 220° C vorheizen. Ein Kuchenblech einfetten und leicht bemehlen. Das eingewickelte
Schäufele mit der Naht nach unten darauf legen.
Mit Wasser bepinseln. Ca. ¼ Std. backen.

Rostbraten mit Schupfnudeln

Schäufele im Brotteig

Rehgulasch mit Spätzle

Rehgulasch

1. *1 kg Rehfleisch, in Würfel schneiden*

Marinade:
2. *1 Lorbeerblatt*
   6 Wacholderbeeren, zerdrücken
   1 Tannenzweig
   5 schwarze Pfefferkörner, zerdrücken
   2 Zwiebeln, klein hacken
   ¼ Sellerieknolle, in feine Würfel schneiden
   250 ml herber Rotwein
3. *100 g Schwarzwälder Bauernspeck*
   1 Zwiebel, fein hacken
   ¼ Sellerieknolle, in feine Würfel schneiden
   Salz, Pfeffer
4. *3 EL Johannisbeergelee*
5. *200 ml sauren Rahm*
   1 TL Speisestärke (Mondamin, Maizena)

Das Fleisch in eine Schüssel (nicht Metall) legen, die Zutaten von 2. beigeben. Zugedeckt während 1–2 Tagen kühlstellen. Gelegentlich umrühren.

Das Fleisch aus der Marinade nehmen, diese abseihen. Das Fleisch gut trockentupfen.

Die Speckwürfel in einer Bratpfanne auslassen.

Das Fleisch im entstandenen Fett scharf anbraten. Dann das Fleisch in eine Kasserolle schichten. Die Gemüse beigeben, würzen, mit der Hälfte der Marinade ablöschen. Im geschlossenen Topf ca. 1 ½ Std. garen. Nach und nach die restliche Marinade beigeben. Mit dem Johannisbeergelee verfeinern. Den Rahm in die Speisestärke geben, glatt verrühren, beigeben, nochmals bis zum Siedepunkt bringen.
Dazu gehören Spätzle.

Saures Leberle

Saures Leberle

1. 2 EL Butter
    ½ Zwiebel, fein hacken
2. 750 g geschnetzelte Leber, am besten Kalbsleber
3. 2 EL Mehl
4. 500 ml Fleischbrühe
    1 EL Weißweinessig
    3 EL Weißwein
    1 TL Salz

Die Butter schmelzen, die Zwiebel beigeben, glasig dünsten. Die Leber zufügen. Unter stetigem Wenden auf kleinem Feuer dämpfen, bis sie nicht mehr blutig erscheint. Die Leber warmstellen. Im Fond das Mehl goldbraun werden lassen. Mit den Zutaten von 4. ablöschen. Gut durchrühren. Einige Minuten köcheln, würzen. Das Fleisch in die Sauce geben. Nochmals zum Siedepunkt bringen. Sofort servieren.

Schwaben

Von Werner O. Feißt

◀ *Auf dem Markt in Esslingen: Gemüse, was das Herz begehrt. Die mittelalterlichen Häuser sehen seit Jahrhunderten dieselben Szenen.*

Was macht ein Autor, der über ein Thema schreiben soll, das er, wie er glaubt, aus dem ff beherrscht? Er vergewissert sich zunächst einmal, genauso wie wenn er nichts vom Thema verstünde, über die Faktenlage. Der erste Griff geht zum Konversationslexikon. In diesem Fall ist es das Lexikon des Deutschen Taschenbuchverlages, das dem großen Brockhaus von 1990 entspricht. Und da steht es denn: «Schwaben».

1. «Regierungsbezirk in Bayern.» Also, das habe ich nicht gesucht.
2. «Ehemals deutsches Herzogtum, umfaßte die deutschsprachige Schweiz (mit Graubünden), Elsaß, Südbaden, Württemberg (ohne den Norden), das bayerische Schwaben, Liechtenstein und Vorarlberg.
Die Herzogswürde kam 1079 an die Staufer und erlosch nach deren Aussterben.
Nur die schwäbische Städtebank der Reichsstädte, der Schwäbische Kreis und die Reichsritterschaft in Schwaben waren bis 1806 amtliche Vertreter eines gemein schwäbischen Bewußtseins.»

Ach ja, und da steht ja noch was: «Schwaben, germanischer Volksstamm (siehe Sweben), dessen Name mit den seit dem 3. Jahrhundert nach Südwesten abwandernden Alemannen in das ursprünglich keltische, später römische Gebiet zwischen Rhein, Neckar und Donau getragen wurde. Heute versteht man unter Schwaben stammesmäßig die schwäbischspre-

chenden Bewohner Altwürttembergs, Oberschwabens und des bayerischen Schwabens (bis zum Lech).»

Nun kommt das bayerische Schwaben zunächst einmal sowieso nicht in Betracht. Auch Oberschwaben ist zusammen mit dem Bodenseeraum ein ganz eigenes Thema. Bleibt der Raum von Altwürttemberg. Aber das alte Württemberg war ein Gebiet ganz unterschiedlichen Charakters. Und so entscheide ich mich ohne Rücksicht auf das Lexikon, das Thema Schwaben an Baden-Württembergs zentraler Region zu betrachten, dem sogenannten mittlerer Neckarraum. Nicht nur, weil diese Region mit fast 3 Millionen Bewohnern die größte des Landes ist, nicht nur, weil in dieser Region auf 10% der Fläche von Baden-Württemberg ein Viertel der Bewohner lebt und arbeitet, nicht nur, weil die Region Mittlerer Neckar die wichtigste Industrieansammlung Baden-Württembergs ist, nicht nur, weil es hier die wichtigsten Verwaltungseinrichtungen des Landes gibt, auch eine Fülle von kulturellen Institutionen, sondern weil dies den Kernraum des Landes Baden-Württemberg darstellt.

Hier ist ein wichtiges Autobahnkreuz, Nord-Süd und Ost-West, hier ist ein Eisenbahnknotenpunkt, hier ist schließlich der Flughafen des Landes mit Verbindungen in alle Welt.

Stuttgart, die Hauptstadt, sowie die Landkreise Böblingen, Esslingen, Göppingen, Ludwigsburg sowie der Rems-Murr-Kreis mit der Kreisstadt Waiblingen, das ist die Planungsregion Mittlerer Neckar.

Die Industrie dieser Region ist spezialisiert und exportorientiert. Fahrzeugbau, Maschinenbau, Textil- und Bekleidungsindustrie sowie Elektrotechnik spielen eine überaus wichtige Rolle. Betriebe wie Daimler-Benz, Bosch, IBM, SEL und Porsche sind nur einige große Unternehmen von Weltruf, die in dieser Region daheim

Krautsetzen auf der Filderebene. Manche Bauernarbeit wurde durch Maschinen wesentlich erleichtert. Man kann es auch so sehen, ohne Maschinen würden für viele Arbeiten die Arbeitskräfte fehlen. Aus diesen Setzlingen wird das berühmte Filderkraut.

sind. Daneben gibt es Druckereien, Verlage und Banken und Versicherungsgesellschaften. Natürlich arbeitet der Hauptteil der Beschäftigten in der Industrie und im Dienstleistungsgewerbe. Aber noch immer gibt es in dem verbleibenden Raum Landwirtschaft. Eine wichtige Rolle spielt dabei der Anbau von Weißkraut für die Herstellung von Sauerkraut in der Filderebene, der Ebene, die sich um den Flughafen Stuttgart herum erstreckt. Und noch immer wird selbst im Stadtbezirk Stuttgart auf kleinsten Rebflächen Wein angebaut. Ja es gibt im Stadtbereich Stuttgart noch Bauernhöfe. Die wenigsten sind allerdings Vollerwerbshöfe. Dafür streben viele Erwerbstätige der Region nach Feierabend heim, um daheim zu heuen, Gemüse anzubauen, die Reben zu hacken und anzubinden. Wir sind im Land, wo die Fleißigsten Deutschlands wohnen.

Berühmt ist der Spruch über die Schwaben: «Uf'd Welt kumme, schaffe, schaffe, Häusle baue, sterbe.» Manch einer spricht von den Schwaben daher ganz einfach als von den Häuslebauern. Und ist es nicht wahr, ist dieses Land nicht voll von blitzsauberen, schmucken Häusern, in blitzsauberen, schmucken Dörfern und Städtchen. Die Statistik des täglichen Fernsehkonsums weist für das Schwabenland täglich fast eine Stunde weniger aus als z. B. die Pfalz. Der Tag wird genutzt. Mit Arbeit genutzt. «Müßiggang ist aller Laster Anfang.» Wir sind in protestantischem Land, wo der Pietismus überdies noch daheim war. Ist nicht an dem, was einer hat, zu erkennen, wie er ist? «Hast du was, dann bist du was». Dieser Werbespruch der Sparkassen könnte im Schwabenland erfunden sein.

Aber auch die Verläßlichkeit, die Festigkeit des Charakters, das Pflichtbewußtsein ist hier daheim, wo die Arbeit eben kein Job ist. So ist auch das Tüfteln und Erfinden ein Ausdruck davon, daß die Arbeit mehr ist als nur Geld verdienen. Zu seiner hohen technischen Intelligenz, die zum Beispiel Männer wie Daimler und Zeppelin hervorbrachte, kommt seine organisatorische und kaufmännische Begabung. Dies alles macht die mittelständische Industrie Schwabens aus und die Sorgfalt und die Genauigkeit, mit der die Arbeit getan wird. Als Schwabe hängt man auch am Hergebrachten, an der Art der Väter, ist kritisch gegenüber allem, was von außen kommt. Dies gilt auch und gerade für die Politik. Andererseits will man den Dingen auf den Grund gehen, und man hat eine Neigung zum Grübeln. Hier sind Philosophen daheim wie Hegel, Fichte, Schelling und Dichter wie Schiller, Hölderlin, Mörike, Uhland, Hauff, Hesse («der Fichte und der Hegel, der Uhland und der Hauff, die sind bei uns die Regel, die sind bei uns zu Haus»). Schwaben sind bescheiden, neigen dazu, sich selbst kritisch zu betrachten. Jede Sache wird hinterfragt, und man ist geneigt, bei jeder Sache zwei Seiten zu sehen.

Im Schwabenland gilt nicht «entweder-oder», sondern «einerseits-andererseits».

Natürlich gibt es beim Schwaben selbst auch ein Andererseits. Das ist seine Sparsamkeit: «Schaffe, schaffe, Häusle baue, Hund abschaffe, selber belle». Böse Menschen behaupten, der Grand Canyon sei entstanden, weil ein Schwabe ein verlorenes Fünfdollarstück gesucht habe.

Und Schotten seien wegen Verschwendungssucht ausgewiesene Schwaben.

Aber diese Geschichte ist wahr: Ein lieber schwäbischer Freund, wohlhabend, ausgestattet mit Häusern und Bankkonten, hat in Freiburg eine wichtige gutbezahlte Verwaltungstelle übernommen. Aus verschiedenen Gründen wollte er nicht mit der ganzen Familie umziehen und hat sich in Freiburg ein kleines Appartement gemietet, wo er während der Woche lebte. Am Wochenende fuhr er regelmäßig heim.

Aus Sparsamkeit stellte er in seinem Appartement die Zentralheizung auch im bittersten Winter nicht an. Er saß dann in Pullover, Jacke und Mantel, mit Hut und Handschuhen vor dem Fernseher und ging früh ins Bett, wenn er nicht irgendwo eingeladen wurde. Leider hatte er übersehen, daß der Mietvertrag Heizkosten entsprechend der Zahl der gemieteten Räume vorsah, so daß er am Ende des Winters eben doch zahlen mußte. Was ihn am meisten ärgerte, das war, daß er nicht nur umsonst gefroren hatte, sondern denen, die es sich den Winter über warmmachten im Haus, die Heizkosten mitbezahlen mußte.

Natürlich wirkt sich diese Sparsamkeit auch in der schwäbischen Küche aus, die eben so traditionell ist, wie Schwaben am Hergebrachten festhalten, andererseits aber ist schwäbischer Einfallsreichtum auch in der Küche anzutreffen. Aber da ist noch etwas. Ich hatte viele Jahre mit einem hohen Ministerialbeamten aus Stuttgart dienstlich zu tun. Er kam praktisch drei- bis viermal im Jahr zu Besprechungen nach Baden-Baden. Wir gingen regelmäßig miteinander essen. Natürlich habe ich mich bemüht, die Einladung kulinarisch anspruchsvoll zu gestalten. Eines Tages habe ich ihn gefragt: «Sagen Sie Herr Dr. Sowieso, wie hat Ihnen jetzt dieses badische Schneckensüpple geschmeckt?»

Da hat er mir gestanden, daß er das gar nicht wüßte. Er achte nie auf das, was er esse. Auch in seiner Familie sei das nicht üblich. Man spreche bei Tisch über ein bestimmtes anspruchsvolles geistiges Thema, und das Essen sei eigentlich für ihn und seine Familie nur Nahrungsaufnahme. Da wurde mir mit einem Schlag klar, daß der schwäbische Pietismus, der ja so viel Empfindsamkeit und geistige Kultur hervorgebracht hat, eben doch auch genußfeindlich ist. Aber ebenso wenig, wie man heute noch die Empfindsamkeit und Intellektualität in einer breiten Masse finden kann, ist die Genußfeindlichkeit noch verbreitet. Sie ist nur noch eine fast historische Facette.

Die schwäbische Küche ist einfach und deftig. Denke ich schwäbische Küche, dann fallen mir geschmelzte Maultaschen und ein wunderbarer Kartoffelsalat, da fällt mir Gaisburgermarsch ein und Kuttelfleck in Lemberger, Zwiebelrostbraten mit Spätzle, Tellersülze, Ofenschlupfer und Pfitzauf. Dazu die Herrlichkeit schwäbischer Weine. Trollinger, Lemberger, Schwarzriesling und Kerner. Es sind besondere Weine, geeignet, daß man sie in Ruhe trinkt. Es sind Weine, die den Schwaben Gelegenheit geben, über den Sinn des Lebens zu grübeln, über den Gang der Zeiten zu sinnieren und über die Mitmenschheit, vor allem die nichtschwäbische, zu bruddeln.

Pfitzauf

1. 250 g Mehl
   250 ml Milch
   5 Eier, verklopfen
2. 500 ml Milch
   125 g Butter
   Salz
3. 1 EL Butter

Das Mehl in eine Schüssel sieben, Milch und Eier beigeben. Alles gut verrühren.
Die Milch von 2. erwärmen. Die Butter darin schmelzen. Abkühlen. Zum Teig geben. Alles zu einer homogenen Masse verarbeiten.
Backofen auf 180° C vorheizen.
Mit der Butter von 3. feuerfeste Steingut- oder Pastetenförmchen ausstreichen. Die Förmchen zur Hälfte mit dem Teig füllen. 30–40 Minuten backen. Backofentüre während der ersten 30 Minuten nicht öffnen!
Das Gebäck sofort aus den Förmchen nehmen. Jedes Stück mit zwei Gabeln sofort oben aufreißen.
Apfelmus oder anderes Kompott dazu servieren.

Pfitzauf mit Kompott

Saure Kutteln

Saure Kutteln

1. 1 EL Butterfett (eingesottene Butter)
   2 EL Mehl
   1 Zwiebel, hacken
   ¾ l Fleischbrühe
2. Salz, Pfeffer
   2 Lorbeerblätter
3. 800 g Kutteln, vorgekocht, in Streifen schneiden
4. 125 ml herben Weißwein
   1 EL Weißweinessig

Die Butter schmelzen, das Mehl beigeben, rösten, bis es hellbraun ist. Die Zwiebel beigeben. Weiterrösten, bis das Ganze dunkelbraun ist. Mit der Fleischbrühe ablöschen, mit 2. würzen. Die Kutteln beigeben, weichkochen (ca. 1 Std.). Vor dem Anrichten die Zutaten von 4. beigeben, nochmals aufkochen.

Maultaschen

Teig:
1. 500 g Weißmehl (in Deutschland Typ 405)
   4 Eier, verklopfen
   2–3 EL Wasser (je nach Größe der Eier)
   1 TL Salz

Füllung:
2. 1 EL Butter
   1 Zwiebel, fein hacken
3. 2 EL Petersilie, fein hacken
   50 g Rauchspeck, fein würfeln
   100 g Bratwurstbrät
4. 1 altbackenes Brötchen, fein würfeln, in Wasser einweichen
5. 200 g Spinat
6. 3 Eier
   Salz, Pfeffer, Muskatnuß

Das Mehl auf den Tisch sieben, in der Mitte eine Vertiefung machen. Die Eier hineingeben. Mit dem Kochlöffel verrühren, das Mehl nach und nach zu den Eiern mengen. Soviel Wasser beigeben, daß man einen festen Teig kneten kann. Diesen ¼ Std. unter eine vorgewärmte Schüssel legen. (2) Die Butter schmelzen, die Zwiebel darin glasig dämpfen, abkühlen. Mit den Zutaten von 3. vermengen. Die Brotwürfel ausdrücken, beigeben. Den Spinat in kochendes Wasser geben, 2 Minuten ziehen lassen, abseihen, abkühlen, beigeben. Die ganze Füllung durch den Fleischwolf drehen oder in einer Küchenmaschine haken. Die zerklopften Eier daruntermengen, würzen.
Den Teig vierteln. Zu Streifen von ca. 30×50 cm auswallen. Füllungshäufchen (1 EL) im Abstand von 10 cm auf den Teig geben. Die Zwischenräume des Teiges mit etwas Eiweiß bepinseln. Eine weitere Teigplatte darauf legen. Gut andrücken. Mit einem Teigrädchen ausschneiden. In kochendem Salzwasser 10 Minuten ziehen lassen.

Maultaschen

Maultaschen in der Brühe

1 l Fleischbrühe
8 Maultaschen
1 EL Petersilie, hacken

Die Fleischbrühe aufkochen, die Maultaschen beigeben. Heiß werden lassen. Mit der Petersilie bestreut anrichten.

Geschmälzte Maultaschen

3 EL Butterfett (eingesottene Butter)
100 g Bauchspeck, geräuchert, in feine
*   Würfel schneiden*
1 Zwiebel, in Ringe schneiden
12–16 Maultaschen.

Das Butterfett schmelzen, zuerst die Speckwürfel beigeben, etwas auslassen, die Zwiebelringe darin goldbraun braten.
Die Maultaschen in kochendem Wasser erhitzen, abseihen, das Zwiebel-Speck-Gemisch darüber anrichten.
Kartoffelsalat dazu servieren.

Geröstete Maultaschen

12–16 Maultaschen in Streifen schneiden
1 EL Butterfett (eingesottene Butter)
3 Eier, verklopfen
Salz, Pfeffer

Das Butterfett schmelzen, die Maultaschen-Streifen darin rösten. Die Eier würzen, darübergeben, stocken lassen.
Kopfsalat gehört dazu.

Tomatensuppe mit Goldwürfeln

1. *2 EL Butter*
    1 Zwiebel, hacken
    4 Tomaten, in Würfel schneiden
    2 Kartoffeln, in Würfel schneiden
    1 l Wasser
    Salz, Pfeffer
2. *3 Eier, verklopfen*
    5 EL Milch
    Salz
3. *4 Scheiben Brot (es kann auch*
    altbacken sein), würfeln
4. *1 l Fritieröl*
5. *2 EL Schnittlauch oder Petersilie, fein*
    hacken

Die Butter schmelzen, Zwiebel darin glasig dünsten, Tomaten und Kartoffeln beigeben, mit dem Wasser ablöschen, würzen, ½ Std. köcheln. Durch ein Sieb streichen oder mit dem Mixstab pürieren.
Die Zutaten von 2. miteinander vermengen. Die Brotwürfel darin wenden. Das Fritieröl heiß werden lassen, die Brotwürfel portionenweise auf einer Schaumkelle darin goldbraun ausbacken.
Die Suppe in eine vorgewärmte Suppenschüssel geben. Die Brotwürfel und schließlich den Schnittlauch darüberstreuen.

Tomatensuppe mit
Goldwürfeln

Eingemachtes Kalbfleisch

1. 1 ¼ l Fleischbrühe
   1 EL Petersilie, fein hacken
   1 EL Schnittlauch, fein hacken
   1 Karotte, fein raffeln
   ¼ Sellerieknolle, fein raffeln
   1 Lauchstengel, in feine Streifen schneiden
   8 Pfefferkörner
   1 Lorbeerblatt
2. 1 kg Kalbsbrust ohne Knochen und Fett, vom Metzger in Würfel geschnitten
3. 4 EL Butter
   4 EL Mehl
   250 ml trockener Weißwein
4. 4 Eigelb, verquirlen
   250 ml saurer Rahm
5. Salz, Pfeffer, Muskatnuß

Die Fleischbrühe mit den weiteren Zutaten von 1. 10 Minuten kochen. Das Fleisch beigeben, ¾ Std. kochen.

Die Butter schmelzen, das Mehl kurz mitdünsten, mit ¾ l der Fleischbrühe ablöschen. Gut mit dem Schwingbesen durchmischen. ¼ Std. köcheln lassen. Den Wein beigeben. Die Zutaten von 4. miteinander vermengen. Zur Sauce geben. Das Fleisch (ohne die restliche Fleischbrühe) beigeben, würzen. Alles nochmals erhitzen (aber nicht mehr kochen). Dazu gehören Bandnudeln.

Eingemachtes Kalbfleisch mit Bandnudeln

Geröstetes Sauerkraut mit Schupfnudeln

Sauerkraut:
1. 3 EL Schweineschmalz
   1 Zwiebel, fein hacken
   1 kg rohes Sauerkraut
2. 200 ml Fleischbrühe
   200 g roher Schinken am Stück

Das Schmalz schmelzen, zuerst die Zwiebel glasig dünsten, dann das Sauerkraut beigeben. Braun rösten. Etwas von der Fleischbrühe angießen. Das Fleisch darauf legen. Zugedeckt weichkochen, dabei nach und nach die Fleischbrühe zugeben (1 Std.).

Schupfnudeln:
1. 500 g Schalenkartoffeln vom Vortag
2. 2 Eier
   4–5 EL Mehl
   Salz, Muskat
3. 2 l Wasser
   1 EL Salz

Die Kartoffeln durchpressen. Die Zutaten von 2. nach und nach daruntermengen. Es muß ein fester Teig entstehen. Daraus kleinfingerlange Röllchen formen. Das Wasser mit dem Salz aufkochen, die Schupfnudeln portionenweise darin kochen, bis sie auf der Wasseroberfläche schwimmen, abtropfen lassen. Man kann sie auch als Beilage zu Fleisch, zu Salaten, eingemachtem Obst oder Apfelkompott reichen.

Geröstetes Sauerkraut mit Schupfnudeln

Bodensee

Von Werner O. Feißt

Ein sanfter See, ein heiteres Ufer, Obst in Hülle und Fülle, Reben und eine Kirche ganz aus Licht und Musik: die Birnau.

Ich schreibe die Überschrift «Bodensee», und schon steigen vor meinem geistigen Augen Bilder auf, Bilder vom Bodensee. Es ist Sommer, auf einer kleinen Wiese bei Maurach, unterhalb der Birnau stehen zwei Zelte. Ein Feuer brennt davor. Meine Freunde und ich. Heiner hat seine Gitarre dabei. Lieder klingen auf. Dann steigen wir durch den Rebberg hinauf zur Birnau. Die Birnau ist voll Licht und der Honigschlecker wird nicht müde, den Honig aus dem Strohkorb zu holen, und der Himmel ist offen und einer spielt auf der Orgel Mozart.

Meersburg. Auf der Spitze eines Rebbergs liegt das Fürstenhäuschen, gebaut von einem der Domherren des Konstanzer Bischofs. Von Annette von Droste-Hülshoff, der Droste, gekauft mit dem ersten Honorar – es hat lange gedauert, bis sie ihre Arbeit einem Verleger anvertraut hat, über 40 war sie schon –. Dann war sie Besitzerin dieses Puppenhäuschens und des Rebbergs darunter. Einer sagt: «Sie hat ja nie richtig hier gewohnt. Sie blieb ein Leben lang im Schloß bei der Schwester und beim Schwager. Dort ist sie auch gestorben.» Die Dame, die durch das Häuschen führt, wirft ein: «Vielleicht war es doch nicht so und sie war öfter und länger hier als man es wahrhaben will, wahrhaben wollte, mit Rücksicht auf die Gesellschaft. Bedenken Sie, das frühe 19. Jahrhundert.» Vom Schlafzimmerfenster schaut man den Meersburgern in den Hinterhof und weit über den See zum Schweizer Ufer.

«Dort war Freiheit – im 19. Jahrhundert». Am Fenster steht das Fernrohr der Droste. Damit hat sie wohl hinüber geschaut. Die Linsen sind staubig. Eugen reinigt sie.

Mainau. 10 000 Blumen. Überwältigend schön. Gepflegte Wege und Touristen, so viele Touristen. Es ist unmöglich, für sich zu sein. Man wünscht es sich und weiß zugleich, daß es nicht möglich sein kann, weil diese Pracht Geld kostet und das Geld hereinkommen muß. Beim Verlassen der Mainau komme ich am Schwedenkreuz vorbei. Es ist aus Bronze, drei Kreuze: der Christus und zwei Schächer. Einer der Schächer berührt mich sehr.

Ein kleines Gasthaus auf der Höri. Wir treffen uns, um die Ergebnisse eines Literaturwettbewerbs zu besprechen. In einer Pause fahren wir mit einem Segelboot hinaus auf den See, der hier schmal ist, im Begriff ist, sich zum Hochrhein zu verengen. Es sind noch 3 km bis Stein. Hans kreuzt mit dem Boot. Am Ufer stehen Trauerweiden. Ihre Zweige hängen im Wasser. Sie sind von einem frischen Grün, Bäume stehen in Blüte, vom Restaurant weht Duft herüber: wir haben Egli bestellt. Am Schweizer Ufer stehen Angler.

Und dann die Reichenau. Da sitzest du in einem Gasthaus, umgeben von Gemüse und mitten in dem Gemüse eine der schönsten romanischen Kirchen die du kennst. Du hast sie wieder einmal besucht, wie einen alten Bekannten, dem man von Zeit zu Zeit einen Besuch abstattet, sich mit ihm unterhält, nach ihm schaut. Und jetzt sitzest du in diesem Gasthaus und du hast keinen Braten bestellt und kein Wild. Das gibt es auch. Sogar auf den Fisch hast Du verzichtet, denn Du willst die Salatplatte essen. Salatplatte? Wenn du nie Reichenauer Salat, direkt an Ort und Stelle, frisch geschnitten, gegessen hast, dann weißt du natürlich nicht, wovon ich rede. Dieser knackige Wohlgeschmack, diese Frische. Es ist, als hättest du nie zuvor Salat gegessen. Draußen siehst du ihn wachsen. Kopf an Kopf. Eine Reihe grüner Salat, eine Reihe Lollorosso und dann wieder grüner Salat, einen Hügel hinauf, verschwinden dahinter. Und Spargel und Kohlrabi und Broccoli.

Paradies der Gemüseesser, ich bin einer.

Und dann die Fresken in Oberzell.

Das ist der Bodensee, Kultur und Natur. Klosterland: Mönche haben die Kultur hierher gebracht, den christlichen Glauben, die Dichtung, die Malerei, die Musik und eben auch das Gemüse. Natürlich haben die Menschen davor auch Gemüse gegessen. Aber die verfeinerten Arten, die großgezüchteten, die brachten die Mönche, die wußten sie in ihren Gärten zu pflanzen. Die Mönche kamen aus Irland, jenem römischen Randgebiet, wo sich ungestört von der Völkerwanderung römische Kultur erhalten hatte und die Römer waren Gemüseesser.

Aber was ein rechter See ist, der enthält ja auch Fische, von denen es im Bodensee rund 35 verschiedene Arten gibt. Da ist zunächst einmal der Zander, bunt mit schönen Farben, ein Raubfisch und Vetter des Barsches. Er ist allerdings im Bodensee erst seit 1882 heimisch, da wurde er nämlich zum ersten Mal ausgesetzt. Bis zu einem Meter lang wird der «Hai des Süßwassers», der Hecht. Gemeinsam jagen Zander und Hecht in der flachen Uferzone den Brachsen, Rotfedern und Rotaugen nach, den sogenannten Weißfischen, die allein mit ihren verschiedenen Varianten die Hälfte der Fischarten ausmachen. Ein dritter Raubfisch kommt hinzu, der Barsch, der bis zu 35 cm groß wird. Er ist an seinem dunklen Rückstreifen erkennbar und am hellgelben Bauch. Er heißt auch «Egli» und «Kretzer» und schon denkt man an seine Filets, die etwas besonders Feines unter den Süßwasserfischgerichten darstellen. Vor allem

im Untersee gibt es Äschen und Seeforellen. Sie mögen bewegtes Wasser. Dann gibt es Aale, die es offenbar schaffen, die 25 Meter Höhenunterschied des Rheinfalls von Schaffhausen zu überwinden und auf dem Seegrund lebt der Süßwasserschellfisch, die Trüsche, 30 bis 40 cm lang und wegen ihrer Leber eine besondere Delikatesse. Nun muß man natürlich noch vom Felchen reden, von dem man in den letzten Jahren bis zu 800 Tonnen pro Jahr aus dem See gefischt hat, eine Menge, die nur deswegen möglich war, weil elf Fischzuchtanstalten für den erforderlichen Nachwuchs sorgten. Und damit sind wir eigentlich bei der Berufsfischerei und den Berufsfischern, von denen es am Bodensee noch etwa 175 gibt.

Es gab eine Zeit, sie liegt gar nicht so lange zurück, da hat man um das Schicksal nicht nur der Fischerei im Bodensee gefürchtet. Der See selbst, so hieß es, drohe umzukippen, d. h. biologisch abzusterben. In einer großen, alle Anrainerstaaten vereinigenden Bemühung hat man es geschafft, die Verschmutzung der Zuflüsse des Bodensees so zu reduzieren, daß man jetzt wieder von einem fast gesunden See sprechen kann. Allein für die Abwasserreinigung wurden 4 Milliarden DM aufgewendet.

Vor allem der Zufluß von Phosphat, das für die Algenentwicklung verantwortlich ist, ist so weit reduziert, daß fast normale Verhältnisse bestehen.

Für das Schwimmen im See ist interessant, daß der Bodensee heute für seine Wasserqualität gelobt wird, wobei vor allem dem Uferstreifen zwischen Lindau und Kressbronn auf der deutschen Seite sowie Rorschach und Kreuzlingen auf der Schweizer Seite sehr gute und gute Wasserqualität bescheinigt wird.

Nun ist das Interesse an einem gesunden Bodensee nicht allein das Interesse des Fremdenverkehrs und der Berufsfischer, der Bodensee ist darüber hinaus auch der Trinkwasserspeicher für etwa 4 Millionen Menschen, die bis über Stuttgart hinaus, aber auch in einem Teil der Schweiz, mit Bodenseewasser versorgt werden.

Eine so große Wassermasse wie der Bodensee, er hat immerhin eine Wasseroberfläche von 540 km^2 und die unvorstellbare Masse von 55 Milliarden m^3, hat auch Auswirkungen auf das Klima. Grob gesagt, wirkt der Bodensee wie eine Wärmflasche, die im Sommer Wärme aufnimmt und im Winter Wärme abgibt. Die Durchschnittstemperatur der Wasseroberfläche beträgt 11 Grad, die Durchschnittstemperatur in unmittelbarer Ufernähe beträgt 9 Grad. Dies bedeutet zum Beispiel, daß im Januar, wenn die Seetemperatur auf 4 Grad absinkt, die Lufttemperatur weniger als minus 1 Grad beträgt. Damit werden extreme Kälteverhältnisse in Ufernähe abgemildert, was vor allem dem Gemüse, Obst- und Weinbau zugute kommt.

Ist die Reichenau traditionell als Gemüseproduzent bekannt, so haben die Uferregionen des Überlingersees und des Obersees einen Namen für ihr Obst («Obst vom Bodensee»). Im April und Mai, wenn die Bäume blühen, legen sie einen weißen oder rosafarbenen Schleier über den Linzgau und das anschließende Oberschwaben: Kirschen und Birnen und Äpfel.

Heißt nicht eine der schönsten Kirchen am See «Birnau»?

Früher hat der Prior der Birnau den Besucher zu einem Glas Birnenmost eingeladen. Was für ein herrliches Getränk. Ob er das wohl noch tut? Ob es in der Birnau noch Birnenmost gibt? Es läßt sich gut leben am Bodensee. Das beweisen die vielen Maler, die Dichter und Schriftsteller, die hier lebten und arbeiteten. Es beginnt mit den gelehrten und begnadeten Mönchen des Klosters Reichenau und zieht sich bis in

In der historischen Unterstadt von Meersburg läßt es sich herrlich bummeln und in den Weinstuben einkehren.

unsere Zeit: Hermann Hesse, Otto Dix, Martin Walser.

Ein heiteres Volk lebt um den Bodensee, und selbst die Schwaben sind hier katholisch und wissen zu leben. Alemannische Fasnacht ist hier daheim und ein gutes Essen und Trinken. Überhaupt das Trinken. Es war ursprünglich nicht so arg weit her mit dem Bodenseewein. Meersburg, gut. Mit seinen steilen Rebhängen, auf die der See Licht und Wärme reflektiert. Aber sonst? Zu denen, die als Schriftsteller hierher kamen, gehörte auch unser badischer Schriftsteller Heinrich Hansjakob. Er stammte aus Haslach im Kinzigtal, wurde Pfarrer – was sollte ein armer Bauernbub sonst auch werden – und Lehrer, legte sich mit der badischen Regierung an und bekam für eine Veröffentlichung über die Salpeterer eine Gefängnisstrafe. Außerdem mußte er den Schuldienst verlassen. Was blieb, war eine Gemeinde als Pfarrer zu übernehmen, und bei einer Reise an den Bodensee hatte er Hagnau kennengelernt, das ihm ungemein gefiel. Da er sich mit seinem Generalvikar gut verstand, wurde aus der Strafversetzung eine Versetzung ins Paradies. Heinrich Hansjakob kam als Pfarrer nach Hagnau. Er blieb dort … und er begründete die erste deutsche Winzergenossenschaft, die dafür sorgte, daß in Hagnau die sauren Weine durch andere Sorten ersetzt wurden, daß moderne Methoden des Weinbaus an die Stelle der alten traten.

Er hat auch eine Legende aufgeschrieben, die Legende vom Bodenseewein:

Eines Tages sagte unser Herr Jesus im Himmel zu Petrus, «Komm, wir wollen wieder einmal auf die Erde gehen und schauen, was die Menschen machen.» Und so kamen die beiden auf ihrer Inspektionsreise an den Bodensee. Dort kamen sie in ein Dörflein und baten um Speise und Trank. Da hatten sie aber einen lätzen Wunsch getan. Die Bewohner des Dorfes jagten die vermeindlichen Landstreicher mit Schimpf und Schande davon. Jesus und Petrus zogen weiter und kamen nach Meersburg. Dort wurden sie überaus freundlich empfangen und bewirtet, und zum Dank schenkte unser Herr den Meersburgern die wunderbaren Burgunder Trauben, die bis heute den Ruhm des Meersburger Weins begründen.

Als das die Bewohner des Dorfes hörten, haben sie sich mächtig geärgert. Nicht, daß es sie gereut hätte, ihren Herrgott lieblos behandelt zu haben, keinesfalls. Geärgert hatte es sie, daß sie von ihm keine wunderbaren Rebstöcke bekommen hatten. Sie kamen also in Scharen gelaufen, warfen sich vor Jesus und Petrus auf den Boden, taten so, als wären sie voll Reue, und unser Herr gab auch ihnen Rebstöcke.

Das hinwiederum ärgerte den Petrus. «Warum», so sagte er, «gibst du auch jetzt diesen herzlosen Burschen Rebstöcke? Warum belohnst du deren Hartherzigkeit? Wo bleibt da die Gerechtigkeit gegenüber den Meersburgern?» Da sprach unser Herr: «Lieber Petrus, laß die nur diese Reben anbauen. Der Wein, den sie davon bekommen, wird so sauer sein, daß sie Strafe genug haben.»

Und so, schließt Hansjakob, kommt es, daß es am Bodensee solchen und solchen Wein gibt.

Inzwischen gibt es allerdings nur noch solchen, also guten, wollen wir zumindest der Höflichkeit halber anmerken.

Der Bodensee. Manche nennen ihn das «Schwäbische Meer» und mancher Badener ärgert sich darüber. Entstanden ist er vor unvorstellbar langen Zeiträumen, denn was heißt das, vor 50 oder 60 Millionen Jahren wurden die Alpen aufgetürmt? Auch dieses Auftürmen war nichts, was an einem Montag begann. Es hat mit Millimetern begonnen. Und das Auftürmen eines

Jahres war für einen Zuschauer nicht wahrnehmbar, hätte es damals einen gegeben. Da schob sich, so heißt es, von Süden eine Platte der Erdoberfläche unter eine andere und drückte diese nach oben. So kam es, daß Alpengipfel aus Gesteinen bestehen, die ihrerseits wieder irgendwann einmal Meeresboden waren. Die Jahrmillionen vergingen, Gott allein hat sie gezählt, die Zeit der Vereisung begann. Von den Alpengipfeln flossen Eisströme nach allen Seiten. Aber dieses Fließen war pro Jahr nun wenigstens in Metern und Zentimetern zu messen. Einer dieser Eisströme, tausend Meter dick, schob sich in den weichen Untergrund, dort wo heute der Bodensee ist.

Als es wieder warm wurde, es hatte Millionen Jahre oder nur einige hunderttausend gedauert, da füllte das Schmelzwasser die vom Gletscher gegrabene Vertiefung. Der Bodensee war entstanden. Nicht irgendwie von heute auf morgen, sondern in einem gigantischen Prozeß. Der Rhein, der aus den Bergen Graubündens kommt, fließt hinein, fließt am deutschen Ufer entlang – unsichtbar – , wendet sich auf der Höhe von Meersburg nach Westen und fließt unter der Konstanzer Rheinbrücke in den zweiten Bodenseeteil, den Untersee, der in Gnadensee, Markelfinger Winkel, Zeller See und Rhein unterteilt ist, während der Obersee mit Bregenzer und Konstanzer Bucht und Überlingersee den Hauptteil ausmacht.

Das Ganze hat übrigens die Form eines Stiefelknechts, und da man früher das alte Land Baden einen Stiefel nannte, dessen Absatz bei Basel, dessen Schuhspitze im Bodensee und dessen Schaft bis hinauf ins Bauland reichte, war der Bodensee der dazugehörige Stiefelknecht (hat man nicht in düsterer Vorahnung für das Ende des alten Landes Baden gesungen: «Stiefele muß sterben, ist ja noch so jung, so jung, Stiefele muß sterben, ist ja noch so jung».)

Der Bodensee ist übrigens tiefer als die Nordsee. Seine 252 Meter reichen zwar nicht bis Normalnull, da der Bodensee 395 Meter über dem Meere liegt, sind aber ganz erheblich.

Aber zurück zum Bodensee. Drei europäische Staaten teilen sich den Bodensee, Deutschland, Schweiz und Österreich.

Nicht immer hat der Bodensee «Bodensee» geheißen. Die Römer nannten ihn Lacus brigantinus nach ihrem Verwaltungszentrum Bregenz bzw. dessen lateinischen Namen, im frühen Mittelalter hieß er dann Lacus bodamicus, schließlich hatte in Bodama, dem heutigen Bodman, der fränkische Kaiser eine Pfalz, und dieses Lacus bodamicus ist dann der Ursprung für das heutige Wort Bodensee. Aber zunächst setzte sich international eine ganz andere Bezeichnung durch. In den Jahren 1415 bis 1418 tagte – wie Sie sich gewiß aus dem Geschichtsunterricht erinnern – in Konstanz ein Konzil der Kirche. Ziemlich genau 100 Jahre vor Luthers Reformation versuchte die Kirche wieder einmal, sich selbst zu erneuern. Sie hatte zwei Päpste, setzte in Konstanz beide ab, wählte einen dritten, die beiden dachten nicht daran abzutreten, mit dem Erfolg, daß die Kirche drei Päpste hatte. Leider taten die Konzilsväter in Konstanz außer derlei Nutzlosem auch etwas so Schreckliches wie das Verbrennen des böhmischen Reformators Hus, obwohl dem der Kaiser freies Geleit versprochen hatte. Aber gut gelebt haben sie in Konstanz. Bekannt ist auch die große Zahl der leichten Mädchen, die nach Konstanz gereist waren, um die Herren Prälaten nach des Tages schwerer Arbeit zu erfreuen.

Jedenfalls, nachdem das Konzil vorüber war, hatte der Bodensee international einen neuen Namen, vor allem dort, wo man noch nie von ihm gehört hatte: Lake of Constance, Lac de Constance, Lago di Costanza.

Bodensee-Fischsuppe

Eglifilet mit Salzkartoffeln

Bodensee-Fischsuppe

1.   *1 EL Butter*
      2 Karotten, in Rädchen schneiden
      1 Lauchstengel, in Streifen schneiden
      ½ Sellerieknolle, in Würfel schneiden
      1 EL Küchenkräuter (Schnittlauch,
        Petersilie, Kerbel) fein schneiden
2.   *1 Lorbeerblatt*
      2 Kartoffeln, würflig schneiden
      1 l Wasser
      1 TL Salz
      Pfeffer
      1 Msp. Safran
3.   *1 EL Butter*
4.   *500 g Filets von Bodensee-Fischen, in*
      Streifen schneiden
      200 ml herber Weißwein
5.   *500 g Champignons, blättrig schneiden*
      1 Tomate, würflig schneiden
6.   *3 EL saurer Rahm*

Die Butter schmelzen, die restlichen Zutaten von 1. darin andämpfen. Die Zutaten von 2. beigeben. Aufkochen.
Die Butter von 3. schmelzen, die Fischstreifen darin dämpfen. Mit Weißwein ablöschen. Zutaten von 5. beigeben. ¼ Std. köcheln lassen. Vor dem Servieren den Sauerrahm darunterühren.

Hecht mit Sauerampfer

1.   *1 Hecht (ca. 1 kg)*
      1 EL Zitronensaft
      1 TL Salz
2.   *2 EL Butter*
      1 Zwiebel, fein hacken
      1 EL Mehl
      100 ml Fischfond oder Hühnerbrühe
      1 Bund Petersilie, fein hacken
      100 ml Sauerrahm
      2 Handvoll Sauerampfer, fein hacken

Bodensee-Fischfilet

1.   *500 g Bodensee-Fischfilets (Egli, Felchen)*
      Salz, Pfeffer
      Saft einer Zitrone
2.   *3 EL Butter*
3.   *2 EL Mehl*
4.   *1 EL Butter*
      50 g Mandeln, hobeln
5.   *1 Apfel schälen, in Scheibchen*
      schneiden
      1 Handvoll Rosinen, ¼ Std. in warmem
      Wasser einweichen
      2 EL Apfelschnaps (evtl. Calvados)
6.   *4 EL Butter*
7.   *2 EL Petersilie, fein hacken*

Die Fischfilets würzen, mit dem Zitronensaft beträufeln. Die Butter schmelzen; die Fische in Mehl wenden. Goldgelb braten. Auf einer vorgewärmten Platte anrichten. Warmstellen. In einer zweiten Pfanne die Butter von 4. schmelzen, die Mandeln darin langsam goldbraun rösten. In der Pfanne mit dem Fischfond die Apfelscheibchen und die Rosinen dämpfen. Den Schnaps zufügen.
Die Butter von 6. ganz leicht braun werden lassen.
Zuerst die Apfel-Rosinenmischung, dann die Mandeln auf den Fisch geben, mit der Butter begießen. Die Petersilie daraufstreuen.

Den Fisch dem Rückgrat entlang entzweischneiden (am besten mit einer Schere). Die Gräten mit einer Pinzette entfernen. Mit den Zutaten von 1. 1 Std. marinieren (kaltstellen). Die Butter schmelzen, die Zwiebel darin glasig dämpfen, mit dem Mehl bestäuben. Die restlichen Zutaten beigeben, gut miteinander vermengen, durchdämpfen. In eine Kasserolle mit Deckel geben, den Fisch darauflegen. Im auf 150° C vorgeheizten Ofen 1¼ Std. dämpfen.

Bodenseefelchen in Kräuterrahm

1. 500 g Fischfilets (Egli, Felchen)
   Salz
   Saft einer Zitrone
2. 1 EL Butter
3. 1 EL Dill, fein hacken
   1 EL Schnittlauch, fein hacken
   1 EL Petersilie, fein hacken
   1 TL Estragon, fein hacken
   1 Knoblauchzehe, pressen
4. 200 ml herben Riesling
5. 200 ml Rahm
6. einige Zweige Brunnenkresse

Die Fischfilets würzen, mit dem Zitronensaft beträufeln.
Die Butter schmelzen. Die Fische darin auf kleinem Feuer leicht anbraten. Die Kräuter (3.) dazugeben, mit dem Wein (4.) ablöschen. Einige Minuten köcheln. Den Rahm beigeben. Kochplatte abstellen, den Fisch aber noch 5 Minuten ziehen lassen. Mit der Brunnenkresse dekoriert servieren.
Salzkartoffeln und grünen Salat dazugeben.

Schweinehals

1. 2 EL Sonnenblumenöl
   800 g Schweinehals, in 3 × 3 cm große
   Stücke geschnitten
   1 l Rinderbrühe
   Salz, Pfeffer
2. 800 g Kartoffeln, würflig geschnitten

Das Öl erhitzen, das Fleisch darin kräftig anbraten. Mit der Brühe ablöschen, würzen. Zugedeckt auf kleiner Flamme etwa 1½ Std. köcheln lassen. Die Kartoffelwürfel beigeben, nochmals 20 Minuten kochen.
Am besten schmeckt Sauerkraut dazu.

Mandelcrème

1. 500 g Mandeln, fein reiben
   1 l Milch
   1 Vanilleschote, der Länge nach
   aufschneiden
2. 2 EL Speisestärke (Mondamin, Maizena)
   3 EL Milch
   200 g Zucker
   500 ml Rahm

Die Mandeln mit der Milch, dem Zucker und der Vanilleschote aufkochen. Die Speisestärke mit der Milch von 2. anrühren. In die kochende Mandelmilch geben, einige Minuten köcheln. Gut umrühren (brennt sonst an). Die Kerne aus der Vanilleschote kratzen. Schote entfernen. Die Crème kühlstellen.
Den Rahm steifschlagen. Vor dem Servieren unter die Crème ziehen.

Aalröllchen mit Salbei

1. 1 Aal (ca. 1 kg) ausnehmen, enthäuten
   200 ml herber Weißwein
2. Salz, Pfeffer
   1 Handvoll Salbeiblätter
3. 1 EL Zitronensaft
   100 ml Sonnenblumenöl

Den Aal über Nacht im Weißwein marinieren (kaltstellen). Ihn in 5 cm breite Streifen zerteilen, diese salzen, pfeffern, mit Salbeiblättern umwickeln (mit Bindfaden festbinden).
Die Röllchen mit dem Zitronensaft-Öl-Gemisch bestreichen, in der Bratpfanne oder auf dem Grill je 10 Minuten braten. Dabei noch ein- bis zweimal bepinseln.
Man serviert Salzkartoffeln und Öl und Essig dazu.

Bodenseefelchen in Kräuterrahm

Mandelcrème

Bodensee-Eintopf

1. 6 Dörrbirnen
   100 g *gedörrte Apfelringe*
2. *1 EL Sonnenblumenöl*
   300 g *gesalzener Speck, in Scheiben schneiden*
3. *½ Sellerieknolle, in Scheiben schneiden*
   1 Karotte, in Rädchen schneiden
   1 kleinen Weißkohl, in Streifen schneiden
   3 Zwiebeln, grob schneiden
4.
   100 ml *Sonnenblumenöl*
   2 EL Mehl
5. 200 ml *Apfelwein (saurer Most)*
   1 Nelke
   1 Lorbeerblatt
   Salz, Pfeffer
6. *6 Kartoffeln, würflig schneiden*
7. *2 Paar geräucherte Schweinswürstchen*

Die Früchte über Nacht in kaltem Wasser einweichen. Birnen in Stücke schneiden (Einweichwasser zurückbehalten).
Das Öl heiß werden lassen. Die Speckscheiben darin anbraten. Die Gemüse von 3. beigeben, Feuer kleinstellen, mitdünsten. Mit einer Schaumkelle Speck und Gemüse aus der Pfanne nehmen. Im gleichen Öl das Mehl goldbraun rösten. Mit 125 ml des Einweichwassers der Dörrfrüchte und dem Apfelwein ablöschen. Dörrfrüchte und gedämpftes Gemüse beigeben. ½ Std. zugedeckt köcheln. Würzen (5.), Kartoffeln daruntermengen, die Würste obenauf legen. Nochmals 20 Minuten köcheln. (Nicht mehr zudecken, sonst platzen die Würste.) Die Würste zerteilen, unter den Eintopf mischen.

Bodensee-Eintopf

Erdbeerknopf

1. 1 EL Butter
   2 EL Paniermehl
2. 3 EL Speisestärke (Mondamin, Maizena)
   4 EL Milch
3. ½ l Milch
   5 EL Zucker
4. 100 g Mandeln
5. 5 Eier, verklopfen
   abgeriebene Schale einer Zitrone
   3 EL frische Pfefferminz- oder
   Zitronenmelisseblätter, fein hacken
   300 g Erdbeeren, überbrausen, Stielansatz entfernen
6. Einige schöne Erdbeeren
   einige Minzenblätter

Eine verschließbare Puddingform (1 ½ l) mit der Butter von 1. ausstreichen, mit dem Paniermehl bestäuben.
Die Speisestärke mit der Milch von 2. verrühren. Die Zutaten von 3. miteinander aufkochen. Die Stärke beigeben, einige Minuten köcheln, dabei tüchtig rühren (brennt sonst an). Abkühlen.
Die Mandeln mit kochendem Wasser übergießen, einige Minuten stehen lassen, schälen, grob hacken.
Mandeln und die Zutaten von 5. beigeben. Alles in die Puddingform füllen. Diese verschließen. Am besten im Backofen ins köchelnde Wasserbad stellen. 1 Std. garen, über Nacht kühlstellen. Stürzen. Mit 6. garnieren.

Erdbeerknopf

«Und was machst Du jetzt, Kathrin?» Szene aus dem Studio.

Emmental

Von Werner O. Feißt

◀ Sorgsam geht der Senn mit dem kostbaren Emmentaler um. Der Käse ist ein lebendiger Organismus und braucht regelmäßige Pflege.

Wenn mich einer fragen würde: «Welcher Teil der Schweiz erscheint dir am typischsten?», dann hätte ich echt meine Schwierigkeiten. Ist es Uri mit seinen Bergbauern, die auf kleinen Höfen der Natur, dem Berg und dem Wetter ihren Lebensunterhalt abtrotzen? Ist es das Engadin mit seiner geradezu künstlich wirkenden Schönheit? Oder ist es das Emmental, das Bilderbuchland, wo der typischste der Schweizer Käse herkommt, der deswegen auch in manchen Gegenden ganz einfach Schweizer Käse heißt.

Natürlich, das Emmental hat keine Schneeberge, keine Almen zu Füßen von Gletschern, aber das Emmental ist ein wunderschönes Bauernland. Die Schneeberge, die kann man bei gutem Wetter allemal in der Ferne sehen, die hohen Schneeberge des Berner Oberlandes, den Eiger, den Mönch und die Jungfrau. Aber für den, der das Emmental nicht kennt, und ich fürchte, das werden außerhalb der Schweiz viele sein, hier eine kleine Beschreibung.

Das Emmental liegt im Nordosten des Kantons Bern. Es ist nicht allein das Tal der Emme und der Ilfis, sondern auch alles, was dazu gehört, die kleinen Nebenflüsse und das Land dazwischen. Und eben diese Gewässer haben dieses Land arg zerschnitten, so daß ein Hügelland entstanden ist, das auf und ab schwingt.

In den Tälern und an den sanften Hängen findet man Äcker und Wiesen, Wiesen, auf denen viele Obstbäume stehen; der obere Teil der Hänge ist meist mit Nadelwald bedeckt, und geht es noch höher hinauf, über 800 Meter, dann kommen die Matten der Almen. Das Ganze hat eine gewisse Ähnlichkeit mit Landschaften im südlichen Schwarzwald. Zwischen St. Peter und Breitnau zum Beispiel oder in dem Gebiet um Todtnau, Bernau. Hinzu kommt, daß im Emmental wie dort die meisten Höfe Einzelhöfe sind, die am Hang liegen, am besten dort, wo der eine Kante hat, und die recht behäbig dreinschauen.

In einem Buch hab ich gelesen «Das Emmental ist sehr schön, sehr grün, sehr blumig.» Und das stimmt. Ich möchte noch hinzufügen: und sehr wohlhabend. Zumindest machen diese Einzelhöfe durchaus diesen Eindruck.

Das Emmental hat einen Dichter: Jeremias Gotthelf. Er war Pfarrer in Lützelflüh, und er kannte sein Emmental. Gleichwohl, das Emmental des Jeremias Gotthelf mit seinen reichen Bauern und armen Knechten hat sich verändert. Zwar wird noch immer gehörig viel Hartkäse in großen Rädern produziert, aber inzwischen ist Kleinindustrie dazu gekommen, Holzverarbeitung, Nahrungsmittelproduktion, Textil, Maschinenbau. Das schließt nicht aus, daß in den schmalen Seitentälern, den Krächen, der Romantiker die bescheidene Welt des Jeremias Gotthelf immer noch entdecken kann. Mir ist ein zufälliger Besuch in einem solchen Bauernhaus in Erinnerung. In einer verräucherten Küche hingen von der hohen Decke Schinken und Würste wie früher im Schwarzwald, und die enge Stube provoziert Gefühle zwischen Gemütlichkeit und Abwehr.

Die Emmentaler Bauernhöfe bestehen in der Regel aus wenigstens drei Häusern. Da ist zunächst einmal der eigentliche Hof, der mit einem riesigen, tief herunter gezogenen Walmdach bedeckt ist. Früher war er, genauso wie im Schwarzwald, mit Stroh oder Schindeln gedeckt. Wie im Schwarzwald sind unter einem Dach Wohntrakt und Stall vereinigt. Im Gegensatz zum Schwarzwald aber sind die beiden durch eine Tenne, in der früher gedroschen wurde, voneinander getrennt.

Auch im Emmentaler Haus dient der Raum unterm Dach als Heuspeicher. Die Häuser sind aus Holz oder Fachwerk gebaut, die Balken sind mit Schnitzereien, Sinnsprüchen vor allem, geschmückt. Typisch für das Bauernhaus im Umfeld von Bern ist eine Bogenkonstruktion, die den Giebelraum des Daches teilweise ausfüllt, die sogenannte Ründi, die meist reich bemalt ist. Dann gehört zum Hof ein kleiner Kornspeicher mit hübschen kleinen Arkaden und das Stöckli, ein verkleinertes Bauernhaus, in dem der Altbauer nach der Übergabe des Hofes wohnt. Erbe ist – wie im Schwarzwald – der jüngste Sohn.

Der Emmentaler Bauer liebt mehr als anderswo üblich sein Land. Selbst Matten, die man andernorts längst nicht mehr pflegen würde, weil sie nicht mit der Maschine zu schneiden sind, werden von ihm noch gepflegt. Die einsame Lage seines Hofes kommt der bedächtigen Berner Art sehr entgegen.

Im Emmental wird mehr noch als anderswo die Tradition gepflegt. Tradition, das bedeutet das Tragen der Tracht, das bedeutet Schwingerfeste, das bedeutet Jodlerfeste, das bedeutet Hornussen. Das Schwingen ist eine – meines Wissens – nur in der Schweiz geübte besondere Form des Ringens. Die beiden Gegner tragen spezielle Drillichhosen, an denen sie sich gegenseitig fassen und dann versuchen, den Gegner durch einen entsprechenden Schwung zu Boden zu werfen.

Beim Hornussen wird auf einem 300 Meter langen Spielfeld der Hornuß, eine Scheibe aus Holz mit einem etwa 2 1/2 Meter langen, biegsamen Stecken von einem Abschlagbock geschlagen. Auf dem Spielfeld stehen die Fänger der anderen Partei, die mit langstieligen Brettern den Flug des Hornuß aufhalten sollen. Während das Schwingen seit dem 13. Jahrhundert in der Schweiz geübt wird, ist das Hornussen seit dem 17. Jahrhundert bezeugt.

Fährt man mit dem Auto durch das Emmental, so kann es leicht sein, daß man in einem unscheinbaren Dorf – Dörfer liegen auf der Talsohle – vor einem Löwen, Bären, Rößli oder einem Kreuz einen großen Parkplatz voll mit Autos sieht. Dann hat man einen jener Landgasthöfe entdeckt, von denen es im Emmental verhältnismäßig viele gibt, die wegen ihrer hervorragenden Küche bekannt sind. Emmentaler Gastlichkeit erstreckt sich allerdings nicht nur auf die Qualität. Erstaunlich ist auch die Größe der Portionen. Man muß einmal eine Berner Platte hier im Emmental essen. Sauerkraut mit Speck, Zunge, Rippli, Suppenfleisch, Schinken, Zungenwurst, dazu noch Kartoffeln. Berner Röschti wird mit Speckwürfeln gemacht. Der ganze Überfluß des Emmentals kommt beim Überbacken von Fleisch und Gemüse und Nudeln mit Käse zum Ausdruck. In der reichlichen Zugabe von Butter und Sahne, wobei eine riesige Meringue mit einem Berg Nidle (Schlagsahne) das Ganze abrundet. Natürlich schmeckt alles auch entsprechend, denn nicht umsonst lehrt uns die Ernährungsphysiologie, daß die meisten Geschmacksstoffe Fett brauchen, damit wir sie wahrnehmen können, aber den Begriff «Kalorien» sollte man während eines Emmentalaufenthalts besser vergessen.

Die Idee des Schlaraffenlandes muß seinem Erfinder im Emmental gekommen sein.

Bis zu 40 Liter Milch pro Tag liefert eine gute Kuh im Emmental. Zweimal täglich wird gemolken, zweimal täglich bringt der Bauer die Milch in die Käserei. Noch immer sind es kleine Käsereien, in denen der Emmentaler hergestellt wird. Am frühen Morgen kommen sie von den Höfen mit den Milchkannen entweder in einem Auto oder da und dort auf einem Wagen, der von einem Pferd gezogen wird, und ganz vereinzelt kann man auch noch einen Buben sehen, dessen Milchkannen auf einem Leiterwägele stehen, das von einem Berner Sennenhund gezogen wird, jenen großen bernhardinerartigen, gutmütigen, schwarzen Hunden, die sich auch bei uns einer wachsenden Beliebtheit erfreuen.

In der Käserei wird Morgenmilch mit Abendmilch vermischt. Die Milch wird in riesigen kupfernen Bottichen auf 30 bis 32 Grad erwärmt. In diese Milch gibt nun der Käser Milchsäurebakterien und Lab. Lab, das ist jener Stoff aus dem Magen von Kälbern, der dort die Milch gerinnen läßt, damit sie von dem Kalb verdaut werden kann. Die 30 bis 32 Grad warme Milch, mit Milchsäurebakterien und Lab vermischt, bleibt eine Stunde stehen. Dann sollte sie «dick» sein, d.h. geronnen. Der Käser achtet darauf, daß sie «glatt bricht», d.h. wenn er mit der Käsekelle in die Masse fährt, sollte sie sich mit einem glatten Bruch trennen. Nun wird die geronnene Milch mit einer Käseharfe, das ist ein Stab, zwischen dessen beiden Querstäben Draht gespannt ist, zerteilt und so lange gerührt bis der «Bruch» etwa die Größe von Maiskörnern hat. Das entspricht etwa den Körnern eines Hüttenkäses. Ähnlich fest müssen auch die Körner des Bruches sein. Dazu wird der Bruch «gebrannt», d.h. er wird während 30 Minuten auf 52 Grad erwärmt und weitere 30 Minuten mit der Käseharfe gerührt.

Dies geschah früher alles von Hand und das Erwärmen in einem Kessel, der an einem drehbaren Holzarm aufgehängt war, über dem offenen Feuer. Heute geschieht das Erwärmen durch moderne Methoden.

Nun wird der Käsebruch mit Tüchern aus dem Kessel genommen, wobei die Molke abfließt und der Käse im Tuch fest wird. Natürlich benötigt der große Emmentaler Käse einen Flaschenzug, damit das Tuch mit der Käsemasse herausgehoben werden kann. Dieses kommt danach in eine Järb, eine runde Form, die nach der Art einer Springform geöffnet werden kann. In dieser Form wird der junge Käse gepreßt, so daß er die künftige Form des Laibes annimmt und möglichst viel Molke verliert. Sobald der Käse seine Form erreicht hat, wird der Järb entfernt, ebenfalls das Tuch. Der Käse erhält eine Aufschrift über das Herstellungsdatum. Überstehende Käsemasse wird abgeschnitten; er kommt für 1 bis 2 Tage in ein Salzbad. Dabei gibt er Wasser ab, nimmt Kochsalz auf und bildet so eine Rinde.

Zwei Wochen wird er nun bei 10 Grad im Käsekeller gelagert, wobei er durch Abwaschen mit Salzwasser ständig gepflegt wird. Dann wird er 6 bis 8 Wochen bei 20 Grad gelagert, wobei ein Gärungsprozeß einsetzt, der auch zur Lochbildung führt. Die weitere Lagerung erfolgt bei 10 Grad. Nach etwa 3-monatigem Lagern schmeckt er mild bis süßlich nußartig (Allgäuer Emmentaler). Nach 4 bis 5 Monaten Reifeprozeß wird der Geschmack kräftig bis pikant, so wie beim Schweizer Original.

Leider kommt Emmentaler oft zu jung zum Verkauf. Er hat dann eine gummiartige Konsistenz und einen eher nichtssagenden Geschmack. Man sollte beim Einkauf darauf achten, solchen Emmentaler abzulehnen, am besten dadurch, daß man sich nach alter Sitte vor dem Einkauf ein kleines Stücklein zum Versuchen geben läßt. Kauft man allerdings eingeschweißte Schnittware, muß man nehmen was man bekommt. Dafür aber ist der Emmentaler, in den so viel Arbeit und Zeit investiert worden ist, viel zu schade.

«Die schönsten Schwarzwaldhäuser stehen im Emmental» sagt einer, der es wissen muß.
Aber es gibt auch Unterschiede, der Berner Bogen z.B., der an der Vorderseite des Hauses das tief herabgezogene Dach abschließt.

Kartoffelsuppe

1. *2 EL Butter*
   1 Zwiebel, hacken
2. *1 kg Kartoffeln, in Würfel schneiden*
   1 Lauchstange, in Streifchen schneiden
   2 Rüebli (Karotten), in Rädchen schneiden
3. *1 ¼ l Fleischbrühe*
4. *2 EL Rahm*
   1 TL Mehl
5. *1 EL Petersilie, fein hacken*
   1 EL Majoran, frisch, fein hacken **oder**
   1 TL Majoran, getrocknet
6. *Salz, Pfeffer, Muskatnuß*
   1 EL Essig
7. *50 g Emmentalerkäse, reiben*
   1 EL Schnittlauch, fein schneiden

Die Butter schmelzen, die Zwiebel beigeben, glasig dünsten, die Zutaten von 2. beigeben, kurz mitdünsten, mit der Fleischbrühe ablöschen, ½ Std. köcheln. Mit dem Mixstab oder dem Passevite (Flotte Lotte) pürieren. Zutaten von 4. miteinander verrühren, beigeben. Kräuter (5.) beigeben. Einige Minuten köcheln. Mit den Zutaten von 6. abschmecken. Den Käse in die Suppenschüssel geben, die Suppe darüberschütten, gut umrühren. Mit Schnittlauch bestreut servieren.

Kartoffelsuppe mit Emmentalerkäse

Lammragout

1. 400 ml Fleischbrühe
2. 750 g Lammfleisch in Würfel schneiden
        1 Zwiebel
        3 Gewürznelken
        1 Rüebli (Karotte)
3. 2 EL Butter
   2 EL Mehl
   150 ml trockener Weißwein
4. 3 Msp. Safran
        Salz, Pfeffer
   100 ml Rahm
        1 Eigelb
5. 1 EL Petersilie hacken

Die Fleischbrühe aufkochen. Die Zutaten von 2. beigeben. 1 ½ Std. köcheln. Die Butter schmelzen, das Mehl darin etwas dünsten, mit Weißwein und einigen EL der Lammfleischbrühe ablöschen. Die Zutaten von 4. gut unterrühren. Die Sauce über das Fleisch gießen, umrühren, nochmals erhitzen. Vor dem Servieren mit der Petersilie bestreuen.

Kartoffelstock (Kartoffelpüree) schmeckt am besten dazu – und natürlich ein grüner Salat.

Lammragout mit Kartoffelstock

Schinken-Makkaroni

Schinken-Makkaroni

1.   4 l Wasser
   1 EL Salz
   1 EL Sonnenblumenöl
2. 400 g Makkaroni (am besten aus Hartweizengrieß)
   200 g gekochter Schinken, in Streifen schneiden
3. 1 EL Butter
4. 250 ml Rahm
   2 Eier
   1 EL Majoran, frisch, fein hacken
   1 EL Thymian, frisch, fein hacken **oder**
   1 TL Majoran, getrocknet
   1 TL Thymian, getrocknet
   Pfeffer, Muskatnuß
5. 50 g Emmentaler-Käse, fein reiben

Das Wasser aufkochen, Salz und Öl beigeben. Die Teigwaren beigeben, knapp garkochen, das Wasser abschütten, den Schinken daruntermischen. Eine entsprechend große Auflaufform ausbuttern. Teigwaren/Schinkengemisch hineingeben.

Die Zutaten von 4. miteinander vermengen, darüberschütten. Mit Käse bestreuen. 20 Minuten gratinieren. (Der Käse soll eine goldbraune Kruste bilden.)

Grünen Salat dazu servieren.

Käseschnitten

1. 1 EL Sonnenblumenöl
2. 8 Scheiben Weiß- oder Toastbrot (es kann auch altbacken sein)
3. 4 EL herber Weißwein
   einige Spritzer Maggi-Würze
4. 8 Scheiben Emmentaler-Käse
5. 1 EL Butter
   4–8 Eier
   Salz, Pfeffer
   1 EL Schnittlauch, hacken

Backofen auf starke Hitze vorheizen.
Ein Kuchenblech mit dem Öl bestreichen. Die Brotscheiben darauflegen. Die Zutaten von 3. miteinander vermengen, auf die Brotscheiben verteilen. Die Käseschnitten darauflegen. Ca. 5 Minuten backen (es müssen sich goldene Blasen auf dem Käse gebildet haben).
Die Scheiben auf vorgewärmte Teller verteilen. Die Butter schmelzen, 1–2 Eier pro Person aufschlagen, knusprig braten, auf die Käseschnitten anrichten. Eieroberfläche salzen, pfeffern, mit dem Schnittlauch bestreuen.

Käseschnitten mit Spiegelei

Emmentaler Forellen blau

1. Sud 4 l Wasser
    400 ml Weißweinessig
    3 EL Salz
        1 Lauchstengel, längs aufschneiden
        1 Bund Petersilie
        2 Zwiebeln, besteckt mit
        2 Lorbeerblättern und
        4 Gewürznelken
2.   4 fangfrische Forellen zu je etwa 500 g,
        ausnehmen
    2 EL Weißweinessig
3. 150 g Butter
4.   2 Zitronen
     4 schöne Petersilienzweige

Die Zutaten von 1. aufsetzen, 30 Minuten köcheln. Die Forellen mit dem Essig innen und außen beträufeln, einige Minuten ziehen lassen. Den Sud vom Feuer nehmen, die Forellen hineinlegen. Zugedeckt während 15 Minuten (größere etwas länger) ziehen lassen (nicht kochen!). Die Butter schmelzen, auf kleinem Feuer bräunen. Fische auf gut vorgewärmte Teller anrichten. Auf jeden Teller eine Zitronenhälfte und die Petersilienzweige geben.

Die Butter in einem Pfännchen auf den Tisch stellen. Salzkartoffeln gehören dazu und grüner Salat.

Übrigens: fangfrische Forellen erkennt man daran, daß sie sich im Sud krümmen.

Emmentaler Forellen blau

Meringues

1.   *4 Eiweiß*
       1 Prise Salz
   200 g Zucker
2.   *1 EL Mehl*
       1 TL Weißweinessig
3.   *1 EL Butter*
       2 EL Mehl
4.
   400 ml Rahm
     2 EL Zucker

Die Eiweiß mit dem Salz ganz steif schlagen, dabei nach und nach den Zucker einrieseln lassen. Die Zutaten von 2. unter die steifgeschlagene Masse mengen.

Die Butter von 3. auf ein Kuchenblech streichen, das Mehl gleichmäßig darübersieben.

Backofen auf 150° C vorheizen. Die Eiweißmasse in einen Spritzsack mit Sterntülle füllen. Etwa 8 cm lange und 5 cm breite ovale Muscheln auf das Backblech spritzen. (Die angegebene Menge ergibt etwa 20 Stück.)

Etwa 1 ¼ Std. backen. Dabei die Ofentüre mittels eines eingeklemmten Kochlöffels etwas offen lassen. Die hellbraun gebackenen Meringues sofort vom Blech lösen, bei Küchentemperatur erkalten lassen. (Sie können in einer Blechdose vier Wochen aufbewahrt werden.)

Vor dem Servieren den Rahm mit dem Zucker steif schlagen, portionenweise auf Dessertteller spritzen, rechts und links eine Meringueschale andrücken, eventuell noch eine Rahmschlange obendrauf setzen.

Meringues mit Schlagrahm

Engadin

Von Werner O. Feißt

◄ *Ardez im Unterengadin: Mauern wie Festungen, Fenster wie Schießscharten. Engadiner Häuser sind Ausdruck der Freiheitsliebe und des Selbstbewußtseins ihrer Bewohner.*

Unsere kulinarische Reise durch Europa endet im Engadin. Ein bißchen willkürlich ist dieses letzte Kapitel schon gewählt! Die Wahl hat etwas mit meiner Vorliebe für diese Landschaft zu tun. Nicht das Oberengadin, wo die reichen Leute sind, in St. Moritz und Silvaplana und Samedan, sondern im Unterengadin, wo der Tourismus keine so hohen Wellen schlägt, wo Dörfer wie Guarda einen Dornröschenschlaf schlafen. Es wird sich wohl ändern, wenn der große Tunnel durchgestochen ist, durch die Vereina, zwischen Klosters und Lavin. Aber vielleicht werden sie alle den Inn hinauf fahren, dem Oberengadin zu, und die Dörfer auf der Sonnenterrasse ihr Leben weiter leben lassen, hinter dicken Mauern, aus denen die Fenster wie Schießscharten schauen. Mit dem Steinbockmotiv auf den Vorhängen und den roten Nelken, die davor Wasserfall spielen.

Wo liegt der Unterschied zwischen dem Ober- und dem Unterengadin? Gemeinhin sagt man, die Grenze, die liege zwischen den beiden Orten Cinuos-Chel und Brail, genau genommen bei der Punt Ota, der oberen Brücke. Aber da gibt es keine Tafel, da gibt es keinen Grenzstein, es existiert auch keine politische Grenze. Da berühren sich ganz einfach zwei Sprachgebiete.

Im Oberengadin, also auch noch in Cinuos-Chel, wird der rätoromanische Dialekt Ladin Puter, im Unterengadin, also in Brail, Ladin Valader gesprochen.

Hinter Brail geht es steil hinab an den Inn und die Landschaft ändert sich. Insofern gibt es schon auch einen Unterschied zwischen Ober- und Unterengadin:

Das Inntal des Oberengadin hat eine breite Talsohle, und da liegen die Orte von St. Moritz bis Cinuos-Chel breit und behäbig. Das Inntal des Unterengadin aber ist eng und schmal. Zernez macht vielleicht eine Ausnahme, weil sich hier zwei Täler vereinigen und dadurch mehr Raum bleibt. Susch und Lavin liegen an der Straße, aber dann verläuft die Straße oberhalb des Inn am steilen Hang, und die Ortschaften wie Guarda, Ardez, Ftan liegen ein ganzes Stück höher, auf einer Sonnenterrasse, über die die alte Innstraße von Österreich heraufkam. Scuol macht noch einmal eine Ausnahme, wieder an der Einmündung eines weiteren Tales. Tarasp liegt auf einer Sonnenterrasse am rechten Hang des Inntals.

Und dann ist es auch nicht mehr weit bis zur österreichischen Grenze, von woher jahrhundertelang das Schicksal von Engadin und Graubünden bestimmt wurde.

Aber ich habe noch kein Wort gesagt, worum ich dieses Land so liebe. Dabei ist es ja nur ein kleiner Teil des großen Kantons Graubünden, des größten Kantons überhaupt in der Schweiz, was die Fläche betrifft, nicht die Bewohner. Bei einer Fläche von 7 106 km² und knapp 170 000 Einwohnern ist Graubünden ein dünn besiedelter Kanton. Knapp 24 Einwohner kommen auf den Quadratkilometer. In der übrigen Schweiz sind es im Durchschnitt 160. Aber das ist kein Wunder, denn der Kanton besteht zum größten Teil aus Bergen und Tälern. «Land der 150 Täler», hat man Graubünden auch schon genannt. Und dieses Land ist so vielgestaltig und kontrastreich. 90 % des Kantons liegen höher als 1200 Meter. Nur 1 % liegt unter 600 Meter. Dementsprechend herrschen in den

Das ist der Got Tamangur, wie er in der Sprache des Landes heißt: der höchstgelegene Arvenwald Europas. Man begreift, daß er heilig ist und von den Vorfahren verehrt wurde.

südlichen Teilen Graubündens, jenseits des Alpenkamms, milde Temperaturen, vergleichbar denen in Oberitalien. Feigen und Palmen gedeihen hier. Während 7 und 8 Monaten herrscht hier mildes Klima. Die hochgelegenen Regionen aber haben 7 bis 8 Monate lang Winter. Im Oberengadin zum Beispiel kann es das ganze Jahr hindurch schneien. Im Ganzen aber hat Graubünden verhältnismäßig wenig Niederschlag, denn die Wolken regnen bzw. schneien sich bereits in den West- und Zentralalpen aus. Und so ist das Unterengadin zusammen mit dem Wallis das trockenste Gebiet der Schweiz. Es gibt weder Boden- noch Hochnebel. Und da liegt's. Das Unterengadin und mit ihm die Bereiche des Schweizer Nationalparks und das S-chanf-Tal haben das schönste Licht, das man sich denken kann, ungebrochen von jedem Dunst. Skandinavien hat so ein Licht im Sommer, und an manchen Föhntagen, oder im Herbst gibt es dieses Licht auch bei uns. Aber im Unterengadin ist es die Regel.

Wer mit Fotografie und Film zu tun hat, ist von diesem Licht, von diesen präzisen Konturen, diesen satten, klaren Farben fasziniert. Da ist das Grün der Matten, das ganz andere Grün der Lärchen, das im Herbst ins Gelb übergeht, da ist das Dunkelgrün der Arven, das Violett der Felsen, das Schwarzblau des Himmels, das strahlende Weiß des Schnees, und das Licht der Sonne ist fast schwarz. Das ist das Unterengadin.

Du wanderst von der Alp Buffalora über den Hang dem Nationalpark zu. Es ist Juni, und der Hang ist bedeckt mit bunten Alpenblumen, Keulenenzian und Alpenastern und Trollblumen und wohl auch noch Alpenseidelbast und frühe Alpenrosen und dazwischen die Fruchtstände der Pulsatilla. Dein Blick geht hinüber in die Berge des Nationalparks, und nichts von Menschenhand schiebt sich zwischen dich und die Natur. Wo der Nationalpark beginnt, wachsen Edelweiße, Edelweiße wie andernorts Gänseblumen, so viele, und die kostbare Silberwurz. An einem gewöhnlichen Werktag ist es ganz still hier oben. Vor allem, wenn du im Juni oder September unterwegs bist. Saison hat der Nationalpark im Juli und August, den Ferienmonaten. Dann wieder Anfang Oktober, wenn die Lärchen gelb sind und die Brunft der Hirsche ihren Höhepunkt erreicht. Jetzt siehst du sie friedlich am Gegenhang grasen. Sie begegnen dir ebenso wie Gemsen und die fast zahmen Steinböcke.

Lerchen steigen singend in den Himmel, und dann und wann pfeift ein Murmeltier. Die meisten Tiere haben längst gelernt, daß der Mensch im Nationalpark harmlos ist. Wenn draußen, außerhalb des Nationalparks, die Jagd aufgeht, dann ziehen sich ganze Rudel von Hirschen in den Nationalpark zurück, bis die Schießerei wieder aufhört. Dabei sind sie ein Problem, die vielen Hirsche des Nationalparks, denn sie haben ja im Nationalpark keine natürlichen Feinde. Bären bräuchte es und Wölfe, aber längst gibt es das nicht mehr. Der letzte Bär wurde 1904 geschossen, noch vor Einrichtung des Nationalparks. Wölfe gibt es seit Menschengedenken nicht mehr.

Bartgeier wurden vor einigen Jahren wieder ausgesetzt. Man kann gespannt sein, ob sie eines Tages brüten und Junge haben werden. Aber an Bär, an Wolf und Luchs darf der Direktor des Nationalparks höchstens denken. Zu groß ist die Angst vieler Menschen aus dem Unterbewußten vor den Raubtieren, denn unsere Vorfahren waren ihnen ja wohl noch wehrlos ausgeliefert.

Ich stehe auf dem Gipfel des Munt La Schera, schaue hinunter auf den riesigen Wald des Nationalparks, und dann kommt mir in den Sinn, daß hier ja kein einziger Baum mehr stand, als der 1909 gegründete schweizerische Bund für Naturschutz den Auftrag erhielt, einen geeigneten Bereich für einen Naturpark zu finden und mit den entsprechenden Gemeinden Pachtverträge auszuhandeln.

Graubündens Reichtum ist der Wald. Seit altersher bringt der Verkauf von Holz Geld in die Täler Graubündens, wo es sonst nicht viel gibt, das man verkaufen könnte. Bodenschätze sind rar, die Landwirtschaft produziert nicht viel mehr als den Eigenbedarf.

Hier am Ofenpaß wurde das Holz eingeschlagen für die Verhüttung der geringen Eisenerzvorkommen in diesem Gebiet, für die Produktion von Glas, aber auch zum Brennen von Kalk. Die Ortsbezeichnung Il Fuorn, der Ofen, und ein erhaltengebliebener Ofen erinnern daran. Später wurde Holz in gewaltigen Mengen über den Inn nach Österreich geflößt. Das Endergebnis war, dort wo sich heute wieder schier unendliche Föhrenwälder dehnen, wuchs um die Jahrhundertwende nichts, einfach nichts. Es wuchs noch nicht einmal so viel, daß es als Weide für Geißen und Schafe ausgereicht hätte. Vielleicht wäre unter anderen Umständen der Nationalpark nie zustande gekommen. Jedenfalls wären die Verhandlungen über die Pachtverträge mit den beteiligten Gemeinden bei nutzbarem Land bedeutend schwieriger verlaufen.

Der Anfang des Nationalpark das waren kahle Flächen. Das Prinzip war, die Natur sich selbst zu überlassen. Kein Mensch hat eine Hand gerührt, um wieder aufzuforsten. Der Wald kam von selbst. Ein wesentlicher Helfer war der Arvenhäher, der in der Zeit, wenn die Arvenzapfen reif sind, die Arvennüßchen für den Winter versteckt und, weil er seinen Vorrat oft vergißt, zum Helfer für den Wald wird, er setzt Arven.

Am eindrucksvollsten ist der Blick auf den Nationalpark vom Ofenpaß herab. Nur Berge und Wald. Ein Fluß im Urzustand mit zahllosen Armen: Unberührte Natur.

Ich fahre von Scuol über die Straße nach S-charl. Schmal ist die Straße. In Serpentinen überwindet sie die Steilstufe vor dem Taleingang. Dann geht es durch eine wilde Schlucht, in der nur der Fluß und die Straße Platz haben und Steine und Felsen. Natürlich ist es ein Vergnügen besonderer Art, durch eine solche wilde Landschaft zu fahren. Dann ein Parkplatz. S-charl. Ein winziger Platz mit einem Bärenbrunnen, errichtet in Erinnerung an den letzten Meister Petz, der hier in nächster Nähe geschossen worden ist. Drei Gastwirtschaften. Vorsorglich liest du die Speisekarte, denn nach deiner Wanderung wirst du hierher zurückkommen.

Steinbock gibt es, Gemse, Hirschkalb und Murmeltier. Du bist entrüstet: wie kann man diese possierlichen Burschen, die so lieb vor ihrem Bau spielen, die Kinder und Erwachsene unterhalten, totschießen und aufessen?

Dann geht der Weg durch ein liebliches Tal ostwärts. Matten, Wald, der Bach. Kühe auf der Weide und wieder diese Klarheit, diese Farben, diese Konturen.

Es geht an der Abzweigung vorbei, wo ein Weg über einen uralten Paß nach Taufers geht. Taufers, das ist Südtirol, ist Italien. Über den Paß zog einst Karl der Große.

Und dann komme ich an das Ziel meiner Wanderung: Got Tamangur, der höchstgelegene Arvenwald Europas, der schönste vielleicht. Und dieser Arvenwald ist der Rahmen für eine unvergleichliche Alpenkulisse mit Bergen, die den Charakter der Dolomiten haben, Geröllfelder, Matten, Schneefelder und dann wieder Arven und das Licht, das Licht.

Ich wandere weiter, eine Hochebene, eine Almhütte. Von hier kann man weitersteigen, hinüber zum Ofenpaß. Es ist nicht mehr weit, aber das Auto steht in S-charl, und in S-charl gibt es Gemspfeffer und roten Veltliner Wein.

Es ist schön im Engadin.

Hirsch- oder Gemspfeffer

1. 1 kg Wildfleisch, in ragoutgroßen Stücken

Beize:
2. 1 ¼ l schweren, trockenen Rotwein
   (Original: Veltliner)
   250 ml guten Rotweinessig
   1 Rüebli (Karotte), in Rädchen
   1 Lauchstengel, in Rädchen schneiden
   ¼ Sellerieknollen, in Rädchen
   8 Pfefferkörner
   12 Knoblauchzehen
   2 Msp. Muskatnuß
   5 Nelken
   2 Lorbeerblätter

Sauce:
3. 2 EL Sonnenblumenöl
   1 EL Mehl
   60 g Roggenbrot ohne Rinde, fein zerzupfen
   1 Bund Petersilie, fein hacken
   1 Zwiebel, fein hacken
4. 100 g getrocknete Zwetschgen
   300 ml Wasser

Das Fleisch in eine Schüssel (nicht Metall) legen. Die Zutaten für die Beize (2.) miteinander aufkochen, über das Fleisch schütten. Hirschfleisch 3–4, Gemsfleisch 5–7 Tage lang (je nach Alter des Tieres) in der Beize, zugedeckt im Kühlschrank oder Keller liegen lassen. Täglich umrühren.
Die Hälfte der Beize abschöpfen, beiseite stellen. Das Fleisch mit dem Rest der Beize auf kleinem Feuer 2 ½ bis 3 ½ Std. köcheln. Dabei die zurückbehaltene Beize nach und nach zugeben.
Das Öl (3.) erhitzen, das Mehl braun rösten, die übrigen Zutaten beigeben. Nach 2 Std. Kochzeit zum Fleisch geben. Die Zwetschgen 10 Minuten köcheln. Vor dem Servieren die Zwetschgen mitsamt dem Wasser beigeben. Evtl. etwas salzen.

Gemspfeffer

Gerstensuppe

1. 100 g Rollgerste (Gerstengraupen) über Nacht einweichen
2. 2 EL Butter
   1 Lauchstange, in Rädchen schneiden
   ¼ Sellerieknolle, in Würfel schneiden
   2 Rüebli (Karotten), in Würfel schneiden
   ¼ Wirsing, in Streifen schneiden
   1 ½ l Wasser
   100 g gesalzener Speck
   200 g geräuchertes Schweinefleisch
   200 g geräuchertes Rindfleisch
3. 2 Kartoffeln, in Würfel schneiden
4. 3 EL Rahm (Sahne)
   Salz, Pfeffer
   2 EL Schnittlauch, hacken

Das Einweichwasser der Gerste abschütten. Die Butter schmelzen, die Gemüse andämpfen, die Gerste beigeben. Mit frischem Wasser ablöschen. Die Fleischstücke beigeben. Ca. 1 ¾ Std. kochen. Die Kartoffeln beigeben. Nochmals 15 Minuten kochen. Vor dem Servieren vorsichtig würzen (das Fleisch ist ja schon gesalzen!), den Rahm darunterrühren, das Fleisch in Portionenstücke schneiden und die Suppe mit Schnittlauch bestreuen.
Dunkles Brot dazu servieren.

Bündner Gerstensuppe

Tirolerknödel

Patlaunas für den Chalanda Marz

Tirolerknödel

1.   *4 Brötchen oder 6 Toastbrotscheiben in feine Würfel schneiden*
   150 ml Milch
       Salz
2.   *1 EL Schnittlauch, fein hacken*
     1 EL Petersilie, fein hacken
       1 Salsiz (Ersatz Salametti oder Landjäger) fein schneiden
     50 g gekochter Bauernschinken, in Würfel schneiden
     50 g Rohschinken, in Streifen schneiden
     ½ Cervelat-Wurst (100 g) fein schneiden
     2–3 EL Mehl
       2 Eier
3.   *1 l Fleischbrühe*
     1 EL Schnittlauch, fein hacken

Das Brot mit der leicht gesalzenen Milch einige Stunden einweichen, mit einer Gabel zerdrüken, die Zutaten von 2. nach und nach daruntermischen.
Die Fleischbrühe aufkochen. Soviel Masse, wie in einem gestrichenen Eßlöffel Platz hat, mit nassen Händen zu Knödelchen formen, ca. 5 Minuten in der Brühe ziehen lassen.
Vor dem Servieren noch etwas Schnittlauch in die Brühe geben.

Fruchtsauce

1. *100 ml Wasser*
     50 g Zucker
2. *300 g Beeren (Erdbeeren, Himbeeren etc.) mit dem Mixstab pürieren*
     Schale einer halben Zitrone, abreiben
     1 EL Kirschwasser

Wasser und Zucker miteinander aufkochen. Köcheln, bis sich der Zucker aufgelöst hat. Abkühlen. Mit den Zutaten von 2. vermengen.

Patlaunas für den Chalanda Marz

1. *180 g Ei mit der Schale gewogen, evtl. Eiweiß wegnehmen.*
       (Das Verhältnis Ei zu Mehl muß genau stimmen.)
     3 EL Zucker
     3 EL sauren Rahm
     3 EL Butter, schmelzen, aber nicht warm werden lassen
       1 Prise Salz
2. *410 g Weißmehl*
3. *2 EL Mehl zum Auswallen*
4.   *1 l frisches Fritieröl*
5. *3 EL Puderzucker*

Zutaten von 1. miteinander verrühren. Das Mehl darübersieben. Den Teig leicht durchkneten, 20 Minuten kühlstellen. Portionenweise möglichst dünn auswallen. Handgroße runde, rechteckige, viereckige Küchlein schneiden. Diese auf einer Schaumkelle ins auf 160° C erhitzte Öl tauchen. Hellbraun backen, auf einem Küchenpapier entfetten, noch warm mit Puderzucker bestäuben.

Paun da Spagna

1. *250 g Zucker*
       2 Eier
     10 Eigelb
2. *350 g Mehl*
     10 Eiweiß, steif schlagen

Die Zutaten von 1. miteinander schaumig rühren. Das Mehl darübersieben, alles zu einem Teig verarbeiten. Die Eiweiß darunterheben. Ein Kuchenblech gut ausbuttern, den Teig darin im auf 180° C vorgeheizten Backofen goldbraun backen (ca. 30 Minuten). Erkalten lassen, in Würfel (ca. 3 × 3 cm) schneiden. Fruchtsauce dazu servieren.

Plain in pigna mit Polenta

1. *1 ¼ l Milch*
   Salz
2. *100 g Polenta (Maisgrieß)*
   250 g Mehl (Weiß- oder Ruchmehl, Typ 405
   oder 1050)
3. *2 EL Butter*
   4 Kartoffeln, in Würfel schneiden
   200 g Rauchspeck, fein würfeln
   100 g Weinbeeren

Die Milch salzen, aufkochen.
Polenta und Mehl miteinander vermengen. Die Milchpfanne vom Herd ziehen. Das Mehl-Polentagemisch vorsichtig in die Milch einrühren. Kräftig rühren, bis die Masse ganz homogen ist. Die restlichen Zutaten beimengen.
In eine flache, gut ausgebutterte Form einfüllen (die Masse sollte nicht mehr als 5 cm dick sein). 1 Std. im auf 180°C vorgeheizten Ofen backen. Apfelmus gehört dazu oder ein gemischter Salat.

Engadiner Nußtorte

1. *300 g Weißmehl (Typ 405)*
   150 g Stärkemehl (Maizena, Mondamin)
   1 gestr. TL Backpulver
2. *1 Prise Salz*
3. *4 Eigelb*
   200 ml Rahm

Mehl, Stärkemehl und Backpulver in eine Schüssel sieben, Zutaten von 2. beigeben. Alles möglichst rasch von Hand zusammenkneten. Zu einer Kugel formen. In Plastikfolie gehüllt 1 Stunde kaltstellen. In zwei Teile teilen, diese zu runden Fladen auswallen. Der eine mit ca. 30 cm Durchmesser in eine gut gefettete Springform 24 cm ø legen, der zweite dient später als Deckel und kann etwas kleiner sein.
Erst dann die Füllung zubereiten:

1. *150 g Zucker*
2. *300 g Walnüsse, zweimal durch die Mandelmühle treiben*
   10 bittere Mandeln zweimal durch die Mühle treiben oder 10 Tr. Bittermandelöl
   2 Msp. Nelkenpulver
   2 Msp. Zimt
   6 EL Bienenhonig
3. *2. Eigelb, verklopfen*

Den Zucker in einem Pfännchen schmelzen, die Zutaten von 2. beigeben, gut vermengen und möglichst heiß auf den Teigboden streichen. Mit der zweiten Teigplatte bedecken. Diese mit dem Eigelb bestreichen, mit einer Gabel in Abständen von 1 cm einstechen.
Backofen auf 180° C vorheizen. Den Kuchen 30 Minuten backen. Er ist, in einer Weißblechdose oder in Alufolie aufbewahrt, 2 Wochen haltbar.

Hexenpolenta

1. *500 ml Milch*
   1 Prise Salz
2. *125 g grob gemahlener Maisgrieß (am besten Bramata)*
   1 ½ EL Zucker
   50 g Weinbeeren
   2 EL Butter
3. *2 EL eingesottene Butter (Butterfett)*

Die Milch salzen, aufkochen. Pfanne vom Feuer nehmen. Den Maisgrieß einrühren. Rühren, bis sich eine homogene Masse gebildet hat. Kochtopf wieder auf das (kleingeschaltete) Feuer stellen. Den Deckel über einen quer über den Kochtopf gelegten Kochlöffel legen (während der ersten zwei, drei Minuten spritzt der wieder aufgekochte Brei). Nach 5 Minuten die Zutaten von 2. nach und nach darunterrühren. 45 Minuten köcheln lassen. Heiß auf ein nasses Holzbrett streichen. Erkalten lassen. Das Butterfett schmelzen, den Fladen beidseitig braten.

Plain in pigna mit Polenta

Hexenpolenta

◀ Spargelstechen in der Pfalz

◀ Wein, soweit das Auge reicht! An der Weinstraße bei Landau in der Vorderpfalz.

Stichwortverzeichnis

Aalröllchen mit Salbei 103

Bärlauchsuppe 55
Bodensee 94
Bodensee-Eintopf 106
Bodensee-Fischfilet 102
Bodensee-Fischsuppe 102
Bodenseeweine 98
Bodenseefelchen mit Kräuterrahm 103
Bohnensuppe 25
Brotteig, Schäufele im 71

Eglifilet 102
Eifel 20, 22
Eingemachtes Kalbfleisch 90
Elsaß 48
Elsässischer Wein 53
Emmental 112
Emmentaler Forellen blau 121
Engadin 126
Engadiner Nußtorte 137
Erdbeerknopf 108

Felchen in Kräuterrahm 103
Felchenfilet 102
Fischsuppe 102
Flammenkuchen 61
Forellen blau 121
Fruchtsauce 136

Gefüllte Kalbsbrust 43
Gemspfeffer 130
Geröstete Maultaschen 88

Geröstetes Sauerkraut mit Schupfnudeln 91
Gerstensuppe 132
Geschmälzte Maultaschen 88
Glashütten 65
Goldwürfel, Tomatensuppe mit 88
Gotthelf, Jeremias 112
Graubünden 126

Hahn im Riesling 56
Hecht mit Sauerampfer 102
Heinrich Hansjakob 65
Hexenpolenta 137
Himbeercrème Luise 25
Hirschpfeffer 130
Hunsrück 20, 24

Kaiserslautern 36
Kalbfleisch, eingemachtes 90
Kalbsbrust, gefüllte 43
Kalbszunge 25
Kaninchenbraten 29
Kartoffelsalat 70
Kartoffelschnitten 28
Kartoffelsuppe 116
Käseschnitten 120
Kinzigtal 65
Kirschcrème 70
Kirschenkuchen 60
Knödel, Tiroler- 136
Kutteln, saure 85

Lammragout 118
Leber, saure 91

143

Mainau 94
Makkaroni, Schinken- 119
Mandelcrème 103
Markklößchensuppe 39
Maultaschen 86
Maultaschen, geröstete 88
Maultaschen, geschmälzte 88
Maultaschen in der Brühe 88
Meersburg 94
Meringues 122
Mosel 20
Moselwein 20

Patlaunas 136
Paun da Spagna 136
Plain in pigna 137
Pfälzer Wald 34
Pfälzer Weine 37
Pfitzauf 68
Pilzküchlein 48
Pirmasens 36
Polenta 137

Radieschengemüse 30
Rehgulasch 76
Reichenau 94
Ritter, rostige 44

Rostbraten 71
Rostige Ritter 44

Sahnegrumbeere 39
Sauerkraut garniert 59
Sauerkraut, geröstetes mit Schupfnudeln 91
Sauerkraut, Schweinebauchrolle mit 44
Saure Kutteln 85
Saure Leber 77
Schäufele im Brotteig 71
Schinken-Makkaroni 119
Schupfnudeln 91
Schwaben 64
Schwarzwald 64
Schwarzwälder Uhren 66
Schwarzwäldersuppe 70
Schweinebauchrolle mit Sauerkraut 44
Schweinehals 103
Schweizer Nationalpark 128
Spargelpfannkuchen 39
Spargeltoast 42
Staufer 34, 50
Tirolerknödel 136
Tomatensuppe mit Goldwürfeln 88
Traubentorte 31
Trier 21

Vanillesauce 45